アートミーツケア叢書3

# 受容と回復のアート

## 魂の描く旅の風景

アートミーツケア学会 編

ほんまなほ 監修

中川 真 責任編集

生活書院

# contents もくじ

# 監修のことば

## ほんまなほ

　本叢書は、生命、共存、変容、回復、生活という、アートとケアがともに根をもつ〈生きること〉にかかわる5つの経験をとりあげ、第1巻『病院のアート』(2014年)、第2巻『生と死をつなぐケアとアート』(2015年)と刊行をすすめてまいりました。ところが、つづく第3巻の準備がすすめられるなかで、監修をつとめるわたしが、心身の不調に陥ってしまい、準備作業がすべて停滞してしまったまま、6年が経過してしまいました。このように、個人の身におこったことに監修者のことばとしてふれることは異例のことかもしれません。しかし、この叢書では、ひごろはかくされてみえない、生のあからさまな姿にまなざしをむけ、それになおも応答しようとするケアとアートに軸足をおき、ふれられるものとふれられないもの、書かれることと書かれないことの境界線をいきつもどりつしながら、わたしたちのむきだしの生に迫ろうとします。それはたやすいことではありません。やさしく、きれいなものでおおわれた、みせかけの表現をぬぎすてなければなりません。

　はからずも、生と死をあつかった第2巻の準備中に、わたしの父、そしてこどものように愛していた犬が他界し、その死にむきあうなかで執筆と編集をおこなわなければなりませんでした。そして父の死をきっかけに、わたしはずっとウソをついていたじぶんに区切りをつけ、なにもかくさない人生を生きようと選択しました。しかし、そのなかでであったものは希望ではなく絶望でした。本巻の主題である、予期せぬもの、避けられないもの、どうにもならないものとわたしたちがどうやって折り合って生きていくのか、という問いに、ほかならぬわたしじしんが取り組まないことには、どうにもこうにも先にすすむこと

ができなくなりました。

　そんななか、本巻の責任編集担当者、中川真さんにご尽力いただき、続刊として予定されていた、学び・遊び・変容の主題をあとまわしにして、〈受容と回復のアート〉を第3巻とし、この身におこったことも書かせていただきながら、なんとか刊行にたどりつくことができました。この巻におさめられた書き物は、それぞれのしかたで、どうにもならないものとわたりあっています。それぞれがえがく受容も回復も、医療や福祉のことばで語られるものとは、ちがったものとなるでしょう。それはけっして、アートによって癒されるとか、治療の代わりになるとかではありません。ケアをするとは、生老病死に注意をむけること、応答のしようのないことにも応答しつづけることであり、この叢書では、通常の意味での受容と回復とはことなるべつの視点から、アートにふれることがもとより計画されていました。読者のみなさんは、ここに書かれたそれぞれのことばにみちびかれて、なにかに打ち勝つことも、乗り越えることもなく、それでも生きつづけることをえらんできたひとたちの足跡をたどるでしょう。よくなること、うけいれること、もとにもどること、そのいずれでもない。しかし反対に、生きること、生きつづける日々の選択が、それらのことばの意味そのものをかえてしまう。受容と回復の意味をかえること、かえつづけること、それこそが生の問いかけとしてのアートであり、本巻がめざすものです。

# はじめに

## 中川真

　本巻のテーマは「受容と回復」です。このテーマから想像されるのは、何らかの困難な状況にある人が困難を受け入れ、真摯に向き合い、そこから何らかの回復をめざすプロセスに焦点を当てるというものです。困難はえてして突然起こります。理不尽ともいえるものです。人はそこからどのように立ち直っていくのでしょうか。

　ここでいう受容とは、およそ受け入れがたい現象、事件、障がい、困難さに向かい合うときの、対応の一側面と考えています。もちろん、その時にあっては拒絶や無関心など、様々な心身の状況が去来すると思われますが、それらを含めて「受容」と捉えることにします。そして、受容を引き起こす「受け入れがたい現象、事件、障がい、困難さ」＝「原因」についてですが、本書では個人的レベルから社会的レベルまで、できる限り広範囲な層にわたることをめざしています。

　執筆やインタビューの「語り」を通して、個別の深さとともに様々な横のつながりを読者の皆さんに意識していただきたいと思っています。「横のつながり」という観点には、原因は個人的であれ社会的であれ、そこから関係性の切断や貧困、排除など、さらなる困難が発生するプロセスが見られ、そこに何か共通する問題や課題があるのではないかという問いかけが含まれています。そういう意味では、本書は社会的排除に抗する社会的包摂をめざす書であるともいえます。多様な背景からなる方々に執筆をお願いしたのは、それらの連なりから見えてくる本当の問題は何か、ということに気づいていただきたいと思うからに他なりません。

さて「回復」の意味合いですが、必ずしも個人としての回復だけを意味しているわけではありません。むしろ、社会の回復、地域の回復、国の回復といった、広いレベルでのシステム変更、社会改革を視野に入れたものになればと考えています。それを回復と言って良いのかは分かりません。旧に復するというのではなく、あるべき姿に復する、あってほしい姿に復する、という意味合いでしょうか。パートナーの突然の死（いずれも30歳超で亡くなられました）という個人的な事件を経た方々が、それから試行を重ねられ、新たな社会的課題へと積極的に取り組まれている姿は、私に勇気を与えます。

　読者の皆さんが期待するのは、大きな困難に遭遇し、それに対して人智を尽くして立ち向かい、最終的に克服して自信を取り戻すといったハッピーエンドの物語かも知れません。しかし、一人の人間の魂の遍歴はそんなに単純なものではありません。ひょっとしたら、より深い疑念と後悔の淵に彷徨うことになるのかも知れない。そして、その疑念や後悔こそが人の魂を救うかも知れない。だから、むしろ逡巡や失敗に大きな価値を与えたいと思っています。

　本書は書き下ろしの論考とインタビューとで構成されています。自己の声とともに、普通では聞き取りにくい他者の声を聴こうとする瞬間が差し挟まれてくるのを期待しています。他者との出会い、そして「表現」との接触。そこから発せられる声は、当人の声を超えて他者の声もまた響き合っている。それゆえに、多声的で普遍の物語へと昇華されていくと思います。

　どの方もとてつもない災厄や痛苦、悲嘆を目の前にし、それでも生き抜いておられます。ゆえに他者を励ますとともに、人は常に「強く」あるわけではない、ということも伝えていただけるのではないかと思っています。「受け容れる」とはどんなことなのか、また「回復」とは何か、そもそも回復はありえるのか、読者の皆さんとともに考えられるような本になればと願っています。

　……と、ここまで読んでいただきましたが、以上の文章はこの巻の執筆者に宛てた「企画書」でした。これに応えて、文章や語りをいただきました。原稿は次々と送られてきたのですが、都度それを読み進めるうちに、魂の深い旅

をしているような気分になりました。またインタビューのためにご自宅や勤務先を訪問した際、扉を開けていただいた瞬間から特別な空気の中に入り込んでいった感覚を、まざまざと思い出します。私は圧倒されました。編集者としては、いただいた文章・語りを要領よく要約し、読者の皆さんの道標となる文章をここで記すべきですが、下手にまとめない方がいいと思うようになりました。とはいえ、何もご案内しないのはあまりに不親切ですので、各書き手、語り手の言葉から、特に私が印象に残ったフレーズをここに紹介します。

・ それまでの神奈川の生活に比べて、日々に彩りがあるという印象だった。それは、親族でも行政でもない、友人や知人のネットワークが、水野家の生活をケアし、サポートする存在としてはっきりと見えるようになったからかもしれない。（水野大二郎・大橋香奈・加藤文俊）

・「自分を大事にする」という言葉はあまり好きではなかったのですが、でも「自分をケアする」という言葉に尽きるな、と。それは結局他者にとっても幸せなことであるかもしれない。（ブブ・ド・ラ・マドレーヌ）

・ この耐えがたく思えた苦しみこそが、わたくしと誰か、世界とのつながりが、幻や虚無ではなく確かに在る。（高橋綾）

・ 回復って元の時点に戻ることではないですよね。どちらかというと回復よりは成長って思っています。（田口奈緒・高濱浩子）

・ 理由や原因や利害を求めず会いに来てくれるひとを出迎えている。社会的関係という、アルコールが腐食させていたもう一つの現実が再生し始めている。その中心に、死にかけているけれど自分がいることを発見する。（高原耕平）

・「あなたたちも人間だ」ということをわかってほしかった。でも実際、「自分もひとりの人間だ」ってわかった時に、彼らはすごく苦しんでいる。（西村ゆり）

・〈たましい〉とは、あたしたちのくるしみ、かなしみ、よろこび、いかり、そのもの。その〈たましい〉は、あたしのものだけじゃなくて、ママの、う

まれるはずだったあたしのこどもの、そしてすべてのこどもたちのものでもある。（ほんまなほ）

・僕は意地が悪いのかもしれないけれど、キツイ部分をえぐるんです。「なぜ事件を起こしたのか？」とか、「どうしてやったの？」とか、深いところをね。えぐって本人がちゃんとそこの部分と向き合わない限り、回復できないと思うから。（五十嵐弘志）

・院内にある小さな痛みの扉を見逃さないようにすること、そこにあるありのままの問題を表現してもらうこと。全てはそこから始まる。アートにできるのは痛みを表現しやすい環境を作ること。（森合音）

・世の中のことすべてさかさまに見えるくらい大逆転した時に、自分がどっかで救われた思いがしたのは、何だったか。「自然界から愛されている」ということに気がついたんです。（緒方正人）


読者の皆さんには、また別のフレーズが胸に響いてくるかもしれません。書き手や語り手たちからは、私の意図を超えた洞察や知見をいただきました。それらを通して、いくつか共通した部分があるのに気づきます。

企画書では、自己の声とともに、普通では聞き取りにくい他者の声を聴こうとする瞬間が差し挟まれるのを期待すると書きましたが、書き手、語り手の皆さんはまず自己の声にとことん耳を傾けられました。そして何かが変化する一瞬が描かれています。他者の介入の余地のない、自己との深い葛藤や対話を通して得られたある種の覚醒が浮かび上がります。私の背筋はピンと伸びました。確かに、他人から言われて何かを変えることに比べて、自分の力で変えるのはしんどいですが深さが違います。この方々が生き延びておられるのは、そのしんどさに誠実に向き合われたからだと思います。

それから、他者の存在ですが、「他者によって私たちは生かされている」といってしまえば、元も子もないような気がします。他者は決していま私たちの周りにいる人たちだけではないのです。ある人は草木からの語りかけが大きな

きっかけとなっています。あるいは亡くなった人、そして未来に生まれる人からのメッセージ。どれもが他者です。その声に真剣に耳を傾けるのです。本書では、他者はそういったとてつもない広がりのあることを教えてくれます。自己を知るということは、そういった広がりのなかでの自分の位置を確かめることに違いありません。自分は世界のどこに立っているのだろうか、どこに向かおうとしているのだろうか。受容と回復の物語の中にはそういった問いが常に響いています。

私事になりますが、2年前に弟を癌で喪いました。胆管癌という厄介な病で、発見された時はステージⅣb、すなわち余命3ヶ月という状況でした。彼は悠然とそれを受け入れ、じたばたすることなくこの世を去っていったのですが、数ページの日記のような断片的な書簡を机の引き出しに残していました。彼の妻がそれに気づき、コピーして私に送ってくれたのですが、読んで驚愕しました。癌の宣告を受けた瞬間に歓びを感じたと書いてあるのです。私だったら狼狽し、取り乱したことでしょう。なぜ彼は歓んだのか、私には全く理解できないまま時が過ぎたのですが、本書の編集をしているうちに何となく腑に落ちてきました。

弟は翻訳家であり詩人でした。60歳を過ぎた頃から「死とは何か」ということを考え始めたと書簡に書いてありました。しかし、それは朧げにしか輪郭を結ばないものでした。しかし死の「宣告」を受けた瞬間にピタッとピントが合ったようです。立っている場所がリアリティをもち、進むべき道が見えたのでしょう。その後は日課のようにコンピューターに向かって、世を去る間際まで何かを書いていたようです。そしてそれに蓋をして亡くなりました。パスワードをあの世に持って旅立ち、誰にも読まれることはなかったのです。

話がそれました。どうか本書をゆっくりと味わいながらお読みください。便利なハウツー本ではありませんが、死ぬこと、生きることについて思いを馳せることのできる本になったと感謝しています。

最後になりますが、本巻の編集方針について主な3点を説明いたします。第

1に、論稿とインタビューが交互に登場するようにし、大きな区分を設けることなく、最後までジグザグと進む形式としました。第2に、論稿の文体については書き手の方々にお任せしました。文体はまさに人と結びついたもので、最も書きやすい方法をとっていただきたいと思いました。ここは重要な点ではないかと認識しています。但し、各論稿の内部では一貫した表記になるよう留意しました。また今回、編集にあたっては4名の「リーダーズ（readers）グループ」を設定しました。原稿を読んで、査読というよりは、執筆者の意図が読者により効果的に届くためのコメントや助言をお願いしました。グループの井尻貴子さん、坂倉杏介さん、森岡正芳さん、森口弘美さんには感謝申し上げます。

中川真（なかがわ しん）
アジアの民族音楽、サウンドスケープ、アーツマネジメントを研究。著書『平安京　音の宇宙』でサントリー学芸賞、京都音楽賞、小泉文夫音楽賞、現代音楽の活動で京都府文化賞、アーツマネジメントの成果で日本都市計画家協会賞特別賞、ゆめづくりまちづくり賞（共同）を受賞。他に『サウンドアートのトポス』、『アートの力』、小説『サワサワ』などの著作がある。ガムラン音楽の活動でインドネシア政府外務省文化交流表彰（2007）、総領事表彰（2017）、騒音公害の取り組みに対して大阪府司法表彰（2019）を受ける。近年は社会包摂型アートの実践に注力。大阪市立大学都市研究プラザ特任教授、インドネシア芸術大学、チュラロンコン大学（タイ）客員教授。

# 1

# TRANSITION
# ままならない状況下の生活を記録するための試論

**水野大二郎**（京都工芸繊維大学 KYOTO Design Lab 特任教授、
慶應義塾大学大学院 政策・メディア研究科特別招聘教授）

**大橋香奈**（東京経済大学コミュニケーション学部専任講師）
**加藤文俊**（慶應義塾大学環境情報学部教授）

## 01 | はじめに

　本論は著者の1人である水野の妻（みえさん）の「妊娠合併胃がん」に端を発し、診断直後の帝王切開による出産、乳児院と自宅での育児、闘病、死別、転職、移住といった人生の移行を題材に制作されたドキュメンタリー映画『Transition』[大橋・水野 2019]において実践された、ビジュアル・エスノグラフィー[Pink 2013]、オートエスノグラフィー[藤田・北村 2013]、デジタル・エスノグラフィー[Pink et al. 2016]、モバイル・エスノグラフィー[Stickdorn 2010 (=2013)]、チーム・エスノグラフィー[藤田・北村 2013]などの生活環境の理解に関する近年の研究動向を反映させた「ままならない人生の移行期における受容と回復」に関する試論である。

　2017年5月に水野の妻は胃がんと診断され、生活再建のためのバイパス手術後、抗がん剤治療が始まった。治療には副作用を伴うため、子供は児童相談所の支援を得て乳児院に預けることとなった。闘病開始から1年が経過し、すでに何種も用いた抗がん剤の効果が期待できなくなった頃、水野は大橋に自分を調査対象にするのはどうかと提案した。2018年9月に水野の妻は鬼籍に入った。それまでの間、水野は妻と入院中もスマートフォンでコミュニケー

ションをとりつつ、育児、家事、仕事、看病をし、死別後は喪失感を抱えつつ
も生活再建に奔走した。当時、著者らは慶應義塾大学環境情報学部の同僚（加
藤・水野）と、指導教授と博士課程後期学生（加藤・大橋）の立場であった。2017年
5月から水野が1人でスマートフォンだけで撮り続けた記録をもとに、2018
年の夏ごろから2019年5月（がん診断日から2年）まで大橋と調査を実施し、以後
は加藤も加わり研究を行っている。

## 02 | 本研究プロジェクトの関連研究

『Transition』は、アムステルダム国際ドキュメンタリー映画祭（IDFA）2019
のショートドキュメンタリー・コンペティション部門に入選した。本作はエン
ドクレジットでの説明以外に字幕やボイスオーバー、対話がなく、淡々と生活
記録が時系列で配置されるのみだが、鑑賞者はパズルのように本作を構成する
ショットを解釈し、全体を把握することで水野の移行期における生活環境が理
解可能となる。

　制作にあたって著者らはドキュメンタリー映画を参照した。中でも代表的な
ものとして『Tarnation』［カウエット2004］が挙げられる。カウエットは11歳か
ら撮りためたホームムービーやスナップショットなどバラバラの過去を用い本
作を構成したことで、自分史を省察する手がかりとした、とも考えられる。ま
た、本作がApple社PCを購入時に無償インストールされている映像編集ソフ
トウェア「iMovie」のみで制作された点も示唆的である。つまり、1）多様なメ
ディアの構成からなる自己の生活環境の省察としての映像制作、2）高度な映
像編集技術を要さない自己の経験を語る方法やツールの存在、この2点を著者
らは重要であると考えた。

　以下、映像制作に至った各自の経緯と関連研究を説明する。

水野はデザインリサーチ研究者としても困難な状況を「記録する」ことにした。デザインリサーチとは、様々な人工物の体系的設計方法論研究から始まった領域であり、その発展過程において専門家主導ではなく、「利用者の理解」から逆説的に設計要件を導き出す手法などが開発された。近年では「利用者の理解」にエスノグラフィーを応用した手法も散見され、利用者自身が自身の経験を語る手法Cultural Probe［Gaver et al. 1999］や、映像を用いて利用者の経験を把握する手法Design Documentaries［Raijmakers 2006］なども存在する。以上の生活環境を理解する方法を研究、実践してきた経験［van Dijk, Mizuno and Raijmakers 2013］から、水野は自身の生活環境を調査対象としてスマートフォンのカメラを向け、オートエスノグラフィー調査を[1]（半ば無意識的に）開始した。

　他方、大橋は「移動」と「家族」をテーマに、ビジュアルデータを用いて他者の経験を協働的に理解し表現する「ビジュアル・エスノグラフィー」［Pink 2013］の方法論を基盤にした研究［大橋 2019］に従事しており、水野の経験は重要な事例になると考えた。大橋は水野家の生活の現場に直接的に介入せずに調査することを試みた。乳児院や病院は部外者の立入や撮影制限が厳しいことに加え、自分が「調査者」として現場にいることで、水野と家族の時間と体力を調査者として奪うことは好ましくない、と判断したためである。そこで、水野にビジュアルデータに加え、「時空間日誌（time-space diaries）」[2]［Haldrup 2011］の記録を依頼し、インタビューのほとんどをオンラインで実施した。このアプローチは、調査者が現場に居合わせることなく調査する「モバイル・エスノグラフィー」や、スマートフォンなどのデジタル技術が日常生活の一部であることを前提にした調査法「デジタル・エスノグラフィー」にも通じる。写真や動画とテキストデータ、さらに定期的インタビューを組み合わせ、大橋は水野の生活世界を遠隔から協働的に解釈、再構成した。[3]

　また、加藤はカメラ付きケータイが登場して以来、フィールドワークにおけ

るモバイルメディアの活用などに関心を抱き、人びとの「生活」「暮らし」「移動（移動性）」をキーワードに、調査や社会実践を進めるプロジェクトに従事している。近年、加藤は「モバイル・メソッド」［Büscher, Urry and Witchger 2011］の視座や「ロケーティブ・メディア（locative media）」研究［Wilken and Goggin 2014］をふまえ、人びとが日常のなかで（時には不可避的に）生成し続ける多様な「生活記録（life document）」の理解と、方法論の開発などについて探究している。

　以上の背景をふまえ、本論は以下の実験的な構成で記述する：

　１：ドキュメンタリー映画『Transition』のキャプチャ画像
　２：水野による当事者としての行動記録日誌の抜粋
　３：大橋による二人称的な視点に基づく分析
　４：加藤による三人称的な視点に基づく省察

　本論は、当事者である水野の一人称的「生活記録」として始まり、その後に大橋との対話を軸にした二人称的「調査」として発展し、さらに加藤の三人称的な視点を導入した「研究」、すなわち死別後の受容と回復の移行期の理解である。すなわち、ある種必然的に生み出された複数の人とメディアからなる多声的構成としてのドキュメンタリー映画の制作過程を、本論構成に反映させることで、受容と回復のあり方のみならず、その記述や理解、共有の方法についての省察を目的とする。本論はフォトエッセイ[4]［バンクス 2016］の様式を採用し、『Transition』のキャプチャ画像と日誌や省察を並列配置する。結論として、「ままならなさ」とは生活再建における受容と回復過程のみならず、従来の調査設計が困難な移動、移行を前提とした研究対象にも見られるため、予測不能性に「よりそう」ためのメディアや手法を応用した新たな臨床的調査設計が要請されることを本事例を通して明らかにする。

## 03 | 本論

2018年9月

9月1日(土曜日) 午後3時、てらすを連れて病院へいくために乳児院に行く。みえさんの調子悪く早めに帰り、乳児院ではてらすに夕飯あげずに大学に戻って片付け。

9月11日(火曜日) 仕事をしてから病院。訪問看護師と話。介護用ベッド設置、ケアマネとも話。みえさんから「3冊のエンディングノートを買ってくれ、自分と自分の両親用だ」との連絡あり、衝撃走る。深夜、介護用ベッドにそっと乗る。

9月12日(水曜日) 介護タクシーで退院。家は医療介護グッズの山。追って訪問看護師、医師、介護ヘルパー、大家、民生委員らくる。みえさん作『サラダのつくりかた』の絵本を見せてもらい、泣きそうになるが堪える。深夜にオムツかえる。

9月15日(土曜日) 京都から友達のYさんお見舞い、てらすも家に。Yさん作チャーハン食べる。てらす乳児院に戻り、帰り道にメッセージみえさんからあり。腹水をどうしても今日ぬいてほしいとのこと。訪問看護師へ連絡、19時すぎ腹水ぬいて楽になる。

9月19日(水曜日) 朝に腹水ぬき、血圧低下。義両親くる。17時半に見送り、家に戻るとみえさんの呼吸がおかしい。

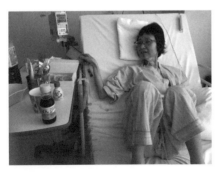 

6月の終わりに初めて水野家の状況について話を聞いた。それから9月末までの約3ヶ月間に水野家に起きた変化は、当事者ではない私が思い返すだけでも気力と体力を消耗するほど、目まぐるしく壮絶なものだった。この3ヶ月間の記録は極端に「分厚い」。水野による記録とインタビューの文字起こしなどの文字数を合計すると、13万字を超える。

　8月中旬以降、みえさんの病状は急激に進行した。治療が手詰まりになって、急遽退院して自宅療養を開始したものの、腹水による身体の負担が大きく、救急外来に行くことになったりと状態は不安定だった。それ以前の自宅療養の時とは、異なるレベルのケアが必要になっていた。

　水野は、自宅療養するみえさんだけでなく、乳児院に預けているてらすくんのケア、家事、大学での仕事のバランスを取るのがいよいよ困難になった。自治体のファミリーサポート事業による支援を得ようと試みたが、その調整をするための時間もないほど慌ただしい。

　そうこうしているうちに、8月下旬にみえさんが再々入院した。みえさんはこの時期からほぼ寝たきりになり、トイレに行く時は車椅子を使うようになった。

顔色もみるみる青くなる。緊急電話。18時には看護師到着するも心拍なさそう。あきらめ。葬儀屋や家族に連絡。18時40分ごろ主治医到着、死亡宣告。20時ごろ葬儀業者くる。夜に家族弔問、死亡届もらいに病院にいき、深夜に家の片付け、仮の遺影写真印刷、書類記入、友人らにソーシャルメディアで連絡。

　9月20日(木曜日)乳児院職員がてらす連れてくる。朝に市役所で火葬許可証入手、保健課職員に挨拶、追って弔問に。昼前には友人らと親族で溢れる。15時に葬儀業者くる。16時解散、てらすを乳児院へ。関西から来た友人らが夕飯に誘ってくれる。22時解散。法事・納骨日程が決まる。

　9月23日(日曜日)朝、乳児院へ。13時すぎ火葬場到着、四十九日の相談など。15時半に火葬おわり。連休で道が大渋滞、直帰を諦めて大学で休憩。遺骨は助手席。家に夜帰る。

　9月28日(金曜日)大橋さんくる。遺品整理の話をすると「早すぎるのではないか」という指摘。なぜ早急に整理しているのか整理がついていない。荷物をできる限り減らすことが未来への希望なのか。

一方、てらすくんは日々成長して少しずつ歩けるようになり、乳児院から病院に連れて行っても、以前のように病室でおとなしくしていることが難しくなっていた。

　9月に入り、水野はみえさんが再び自宅療養するための準備に奔走した。これまでのように普通の布団で寝起きできる状態ではなかったため、介護用ベッドを使うことになった。みえさんは高齢者ではないけれども、40歳を超えているため介護保険を適用できる。地域包括支援センターと連携して、みえさんの自宅療養体制を整え始めた。みえさんのための介護用ベッドを導入し、かつ、歩き回るてらすくんが安全に生活できるスペースを確保するため、自宅の不用品や大きな家具を処分する作業も必要になった。細々とした事務的な手続きから体力仕事まで、みえさんとてらすくんの生活環境の移行を実現するための作業は膨大だった。水野は、みえさんの療養を支える訪問看護体制と物理的な環境をなんとかして整えた。しかし、9月下旬に大学の授業が開始して出勤しなければならなくなったら、留守中はどうするかなど心配は尽きない。

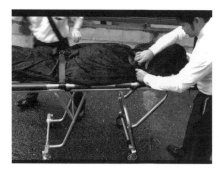

2018年10月

10月1日(月曜日) てらす家で宿泊、乳児院を経て大学へ。大阪から友人、古いスナックで手品を見る。食事をタッパーでもってきてくれた。翌日食べる。ありがたいことだ。

10月2日(火曜日) 卒業生ら数名がお悔やみに、今後の話。死亡届、死亡診断書からスタートして火葬許可書、埋葬許可書、住民票の除票、除籍謄本、国民保険など公的証書の返却準備、公的に「きえる」手続きにげんなり。

10月6日(土曜日) 片付けを行う。闘病中から利用したサービスは以下の通り、思い入れの有無で異なる。

- ヤフオク代行サービス/服買取
- クロサワ楽器/楽器買取
- ノースブック/中古学術書買取
- トレジャーファクトリー/服買取
- スーツの青木/スーツ買取
- ジモティ/不用品回収
- アマゾンリコマース/CD と DVD 買取
- ディスクユニオン/CD 買取
- ブックオフ、ハードオフ/あらゆるモノ買取
- そうすけ/中古家具買取
- リサイクルデポ/服買取

10月8日(月曜日) てらすと遊ぶ。海、公園、図書館へ徒歩でむかう。

10月12日(金曜日) 8名弔問。香典返しのために朝お菓子を買いにいく。弔問後、衣類整理。

9月7日のインタビューの際に水野は、治療を受けているみえさんだけでなく、自分のケアをしてくれる相談相手や支援者が必要だと話していた。自宅療養の開始直前、点滴しやすくするために前開きのパジャマが必要だとわかり、水野は土砂降りの雨のなか、急いで店に向かった。渋滞で足止めされた車中で、将来を思って不安で押しつぶされそうになったという。みえさんは、最期の1週間を自宅で過ごした。料理することも食べることも好きだったみえさんだが、ほとんど食べられない状態だった。それでも、少しでも食べたいものがあれば、水野は用意した。水野はこの時期、妻と息子の両方のおむつを替えることになった。子どもでも高齢者でもない現役世代の患者のおむつ替えについて、本人の尊厳はもちろんだが、ケアをするパートナーにも配慮した商品やサービスのデザインの必要性を痛感したという。

　みえさんが亡くなる直前と直後の記録は、数時間刻みで詳細に綴られている。亡くなる前日の夜、みえさんが初めて「怖いので手を握って」と言ったこと、夜中に「がんばれー」と自分を励ましていたこと、亡くなる直前のみえさんの苦しそうな様子、水野が人生で体験したことがないほど狼狽したこと。みえさんが亡くなっても、水野が動きを止めることは許されない。

10月18日（木曜日）集中力低下、頭痛、睡眠障害など。午後4時に分骨を行う。みえさんの遺したメモに買い物リストあり、「るるぶ」沖縄と北海道もある。家族旅行したかったのだろう。

10月20日（土曜日）朝から法要参加者が見え始めるので服を着替える。食事会をして解散、友人らと形見分けや1月のお別れ会などについて話。

10月26日（金曜日）午前中に保険関係の手続きを行う、これでひとまず申請に関しては終わり。生命保険受取人変更、不動産の相続手続き、地震保険の申請、改修、保育園探し、京都市の児童福祉事務所、新しい職場、転居先、引越し準備、不用品回収、車売却などが残る。

午後3時にメンタルクリニックへ。PTSD、とりあえず弱めの薬をもらう。

10月28日（日曜日）家を出発して新逗子から羽田、ロンドンに。

10月30日（火曜日）ロンドン、家のことを考えなくて良い状態なのが功を奏している。美術館巡り、母校学食で昼食を食べ研究者に面会をし、今後を話す。

病院、介護事業者、葬儀業者、市役所、親族や友人への連絡、乳児院への往復、家族葬、弔電や弔問への対応。亡くなって5日後には、大学で授業もした。9月28日に訪問した際、水野は明らかにやつれていた。しかし、休養しようとしている様子はなく、みえさんの最期の闘いと寄り添った自分の悲嘆を喚起するあらゆる物をいち早く片付けたいと焦っていた。「みえさんの不在がぎゅうぎゅうに詰まっているこの物たちといる状態はどうなのか」と水野は理由を説明した。私は、数年前に父を亡くした時の兄の様子を思い出した。兄は「転職」と「引越し」という環境変化と同時に、父の死とそれに伴う遺品整理と向き合うことになり、「適応障害」を発症した。今は回復して働いているが、治療には2年間かかった。10月に入り、水野に一度メンタルクリニックに行ってはどうかと提案した。「調査者」として介入しすぎかもしれないが、ただ話を聞いていることはできなかった。

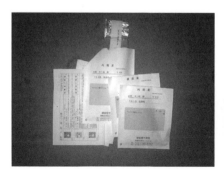

## 2018年11月

11月4日(日曜日) 午後3時には日本到着。学生らと空港で解散してから新逗子へ、駅前でご飯を食べ、洗濯、片付けをして寝る。

11月6日(火曜日) 時差ボケではやくに起きる。朝メンタルクリニックへ。血液検査、栄養失調気味とのこと。

11月7日(水曜日) 京都、子育て支援情報入手。住民票か仕事先がないため登録不可。その後、UltraFactoryで元気付けられる。

11月8日(木曜日) 京都、保育園見学、なぜかガーナ人女性の通訳。夜は友人らといきつけの中華料理屋へ。懐かしい時間。

11月16日(金曜日) 沖縄、朝。散骨。美ら海水族館、名護曲レストラン、道の駅を巡る。次にこの水族館に来るときは、誰といるのだろうか。

11月21日(水曜日) 逗子。お別れ会で配布する冊子用原稿をひとまずおえる。泣きながら原稿を書く。精神的に辛い作業。

11月25日(日曜日) 池袋にて妹家族と合流。公園にいってみるが、てらす泣く。預けて友人宅で囲む会参加。遅くなると妹に悪いので、早めに帰る。

10月末に国際会議での発表のためにロンドンに滞在したことで、明らかに水野の精神状態は改善しているように見えた。帰国直後の水野とのインタビューを終えた後の私自身の日誌を見ると、「転地療養というアプローチがあるくらいで、やはり移動による心身への良い影響を感じる」とある。しかし、その1週間後のインタビューでの水野の様子について、「栄養失調気味とのこと。研究の話をしている時は元気。しかし、子育てへの不安がとても大きい」とある。先行研究を調べると、日本においては、父子世帯よりも母子世帯の方が圧倒的に数が多いことや、女性の社会進出が遅れており父子世帯に比べて経済的に厳しい状況におかれていることから、父子世帯よりも母子世帯の抱えている問題の方が注目されてきたことがわかった[李2019]。また、性別役割分業や母性神話が根強く残っている社会において、未成年の子どもを一人で育てる若年・壮年期男性は、育児情報からの疎外、相談相手や役割モデルの不在によって孤立無縁になる/孤立無縁と感じている可能性が指摘されている[白川2015]。

2018年12月

12月2日（日曜日）睡眠導入剤を飲んでいないせいか、5時過ぎに目がさめる。育児協力者リスト作成依頼が児童相談所からあり。

12月4日（火曜日）全然ねれない。まどろんでいた時みえさんの夢？を見る。夢の中で嗚咽したので涙がでていた。

12月6日（木曜日）回収業者くる。家から大きな家具が搬出された。

12月14日（金曜日）大橋さんとお別れ会用の映像の音声収録、夜は渋谷で忘年会、関係者に近況報告など。

12月21日（金曜日）新丸ビルの京都大学オフィスにて社会人の方々と会う、今後についての話も。

12月26日（水曜日）京都、Yさんと物件を見に行く、Yさんの家近く。19時直前に不動産屋に連絡、仮予約。

12月27日（木曜日）京都工芸繊維大学へ面接にいく。面接は滞りなく終了、大阪で友人らと会食、家に帰る。

12月29日（土曜日）疲れたので休み。同僚で友人のTさん家にいき、Fab Lab関係者にあう。

12月30日（日曜日）乳児院からみえさん実家に。夜に昔のアルバムをみる。てらすにそっくり。

1月の「お別れ会」で上映する映像作品のために、水野にみえさんにまつわる「小話」を10個語ってほしいと頼んだ。いつものインタビューでは、水野の日々の経験を理解することにフォーカスしてきた。この「小話」では、水野から見た「患者」としてではないみえさんの姿、みえさんは何が好きで何が嫌いだったかを語ってもらうことにした。この「小話」があることで、集まった人びとがみえさんと過ごしたさまざまな時間を思い起こすきっかけになるかもしれないし、何よりもてらすくんが将来みえさんがどんな人だったかを知る手がかりになることを期待した。水野は、過去の写真を見ながら、10個の「小話」を、原稿なしで生き生きと語った。いつものインタビューより明らかに楽しそうだった。水野とみえさんの「役割関係」は、この数年で「夫」「妻」から「父」「母」になり、同時に「ケアする人」と「ケアされる人」になった。そして3ヶ月前、水野は「寡夫」、「シングル・ファザー」になった。この急激で過酷な「役割移行」に集約されることのない、水野とみえさんの時間が「小話」の中にはあった。

2019年1月

1月1日（火曜日）目やにだけでなく、まぶたも腫れ熱もあるため、てらすと朝9時から昭島の病院へ。家族が助けようとしても怒るのでワンオペ、非常に疲れる。

1月5日（土曜日）Tさん一家と電車、新幹線などで京都へ。友人宅で東京から来た友人一家と合流。大はしゃぎ。

1月6日（日曜日）大阪、味園でみえさんお別れ会開催、みえさん作品集配布。200名程度の参加者あり。盛り上がるも、帰路が非常に疲れた。

1月9日（水曜日）京都、朝から区役所で保育施設面談。Yさん夫妻と共に。昼食食べて解散、新横浜へ。大学で修士発表、Tさんをのせて帰宅。「疑似家族になれずすいません」とのこと。切ないが仕方ない。

1月14日（月曜日）風邪は小康状態。てらすに会いに乳児院へ、別れ際に泣かれる。

1月15日（火曜日）今年度火曜最後の授業日、終わりが始まった。

1月22日（火曜日）研究会最終回。終わってから打ち上げ、シメに横浜「昭和歌謡リクエストバー・メモリーズ」へ。

1月28日（月曜日）ストレス耐性低下を自覚し生活。荷物を京都の営業所止めで送る。

年末にはみえさんの実家があるあきる野市、年始にはお別れ会の会場がある大阪市へと、てらすくんを世話しながら長距離移動を重ねて、水野は疲労困憊だった。お別れ会は、みえさんがどんな人で、何を、誰を大切にしていたのか、誰に大切にされていたのかがよくわかる時間だった。この会の翌日から、水野はてらすくんを乳児院に預けて、4月から始まる新しい仕事と生活の準備に奔走した。並行して、これまでの職場と自宅の片付けもしなければならず、気力と体力の消耗は激しかった。そんななかでも、てらすくんの語彙が増えたり、絵本をよく読むようになったり、遊び方が変化しているなど、成長の様子が見られることに喜びを見出していた。みえさんの闘病中、水野は、自宅、職場、病院、乳児院の間を、せわしなく車で移動することにストレスを感じていた。みえさんとてらすくんのケアや仕事など、目的を果たすためだけの車移動では、景色を見たり楽しんだりする余裕などなかった。1月に入り、可能なかぎり徒歩で移動するようになり、まちを眺め、まちとの関わり方が変わって気分が良くなると述べていた。

2019年2月

2月1日（金曜日）早朝車で鎌倉出発、京都に11：00すぎ到着。

自転車を購入、不動産屋で鍵をもらう。その後Ｙさん家でご飯。

2月2日（土曜日）京都、荷物をほどき整理しつつ、Ｙさん家で預けていた荷物も移動。スペアキーを渡し、今後の相談。

2月8日（金曜日）乳児院にて打ち合わせ。成長テスト結果を聞く。問題なし。

2月12日（火曜日）片付け、渋谷Loftworkでオーストラリアの学生にプレゼン。早稲田大学のＩ先生と初めて話をするなど。

2月15日（金曜日）京都、打ち合わせと会食。オランダの方々とＯ先生。

2月16日（土曜日）東京、お別れ会に出席。卒業生、在校生らもくる。Zineのプレゼントもらう。ナイス。

2月22日（金曜日）朝から資料作成、その後渋谷へ。お別れ会をLoftworkで行う、様々な鍋食べつつトーク、鍋おいしい。

2月25日（月曜日）引越し業者、家の荷物がさようなら。小春日和。そして胸がざわつく。

2月28日（木曜日）大学。その後、同僚らとお別れ会。辞めるのはもったいないが、今できることは少ない。Ｗさんとがっちり握手。

いよいよ京都の新居に荷物を運び入れ始める。2月中に完全に引っ越すわけではないが、できるかぎり職場と自宅の荷物を京都に運んでしまって、3月上旬までは最低限の荷物だけで神奈川で生活して、粛々と原稿を書く仕事に集中したいという。そうすれば、3月に京都に引っ越した後、仕事に追われることなく4月まで過ごせるからだ。できるだけ無駄をなくして、効率よく生活したいという思いで、自分を追い込んで作業している様子だった。新たに購入した自転車は、新生活の移動のモードやスケールが、これまでの車中心のそれとは明らかに変わることを意味している。水野の心身の状態は、首都圏での車中心の生活よりも、京都での徒歩と自転車中心の生活を求めている。

　語彙が増えてきたてらすくんは、どんどん絵本や歌を理解できるようになっている。すると、子ども向けの本や歌には、かなりの確率で「お母さん」という存在が登場することに気づく。「健全な家族像」として描かれる家族には「お母さん」がいる。水野は、これによっててらすくんが肩身の狭い思いをすることがないようにしたいという。

2019年3月

3月6日（水曜日）Ｙさん一家による「てらすサポート」連絡網整備、Googleカレンダーなど。

3月8日（金曜日）家、もぬけのから。気分転換に幼少期を過ごした上野・御徒町に赴く。

3月9日（土曜日）鍵返却。京都の家に車で引越し。到着後、とりあえず寝る場所確保。

3月16日（土曜日）東大福武ホールでシンポジウム。終了後、付近で懇親会。元同僚のＫさんと話す。

3月17日（日曜日）乳児院で朝から夕方まで、里親が養子となる子供と擬似的に家庭を体験する部屋で、初めて面会する。夜はお別れ会。渋谷、100banch。

3月18日（月曜日）京都、最終講義を聴きに行く。終了後懇親会、丸太町駅付近にて。

3月24日（日曜日）Ｙさん一家と買い物、知り合い建築家の内覧会へ。知り合い多数。その後、Ｈくんらと京都市内中心部へ。

3月25日（月曜日）乳児院退所、新幹線で京都へ。乳児院全員でお別れ。アルバムやプレゼント多数もらう。

3月30日（土曜日）風邪でダウン。てらすの世話が最低限レベルとなる。てらすは午後四時ごろからＹさん家へ。医者にいく。

3月に入り、水野と私は、加藤に初めてこれまでの調査プロセスを共有した。生活に根ざした知を構築するために調査者が調査対象の生活世界に関与する際、「ここまでは調査者がやること」、「ここからは調査者はやらないこと」というように明確に線引きすることはできないのではないか、という話になった。また、論文で表現しきれない生活世界のさまざまな要素を、これまでのデータを用いて映像作品として表現してみるのがいいのではないかということで、3人で合意した。3月8日に、水野はついに引っ越した。

　てらすくんの保育園への入園準備をはじめ、水野が京都での生活環境を整えてから、乳児院で生活していたてらすくんも新居に引っ越した。父子の同居生活が本格的に始まった。京都には水野やみえさんの長年の友人、知人が多い。この時期の話を聞いていると、それまでの神奈川での生活に比べて、日々に彩りがあるという印象だった。それは、親族でも行政でもない、友人や知人のネットワークが、水野家の生活をケアし、サポートする存在としてはっきりと見えるようになったからかもしれない。

2019年4月

　4月2日（火曜日）保育園入園式。雨、てらすは憤怒。入園式にはYさん夫妻も。終了後、京大学食にてご飯食べて解散。

　4月3日（水曜日）朝保育園にいく、まだなじめない。オランダからゲスト、話をして蕎麦たべる。体調全体がおかしくなり不安に。てらすを保育園に迎えにいき夕飯なしで寝る、てらすも寝る。

　4月7日（日曜日）桜満開。花見にYさん家へ、たくさん友人らくる。7時に帰り、ごはん。てらすが全部ぶちまけ掃除。非常に疲れる。

　4月13日（土曜日）休む。加藤さんが京都に来て、鳥料理専門店へYさん一家と共にみんなで食事。

　4月14日（日曜日）テレビ届く。昼ごはんをたべにYさん家へ、夜にテレビ観にYさん一家がくる。春巻きとおにぎりを食べつつ観る。

　4月18日（木曜日）朝から出動、てらすを保育園に預けて大学へ。その後O先生、Hくんと夕飯たべに市内へ。今後の相談など。

　4月29日（月曜日）家とYさん家にて。O先生一家と合流してご飯をYさん家でたべる。

　4月30日（火曜日）Yさん厚意で気晴らしに市内中心部に一人で行く。コーヒー豆を買う。

4月に入りてらすくんは保育園に入園し、水野は新しい職場に通い始めた。4月9日のオンラインインタビューでは、水野は疲れ果てた様子だった。実は前日夜にインタビューを予定していたのだが、水野は寝落ちしてしまい現れなかった。今までで初めてのことであり、そのことからも疲労の度合いがよくわかった。自分の心身の状態を「まずいです」と何度も言っていた。てらすくんがいわゆる「イヤイヤ期」に入り、食事をひっくり返す、保育園に行くために自転車に乗せようとしてもヘルメットを拒否するなどの行動を起こすようになったことが一因である。教育的には怒っても意味がないことはわかるものの、一人で対応していると苛立ちが募ってしまう。Yさん一家のサポートがなければ、どうなっていたかわからないという。4月下旬になり徐々に生活のリズムは安定したものの、朝ヘルメットを嫌がるてらすくんを自転車に乗せて保育園に送り届けて、その後自分の研究室に到着した時点で「燃え尽きた」と感じてしまう。一杯のコーヒーを飲み干して気持ちを整えてからでないと、PCを開くことができない状態だった。

2019年5月

5月1日（水曜日）天皇即位を観つつ、Hくんらが手作り餃子をつくりにくる。みんなで水餃子をつくり、その後Yさん家へ。夕飯に水餃子をみんなでたべる。

5月4日（土曜日）友人のAくんと子供が家に遊びにくる。神輿行列に遭遇、馬を見る。

5月8日（水曜日）淀屋橋にある企業へ、京阪電車とバスにのって大学から出勤。仕事で久々に大阪にいく。その後、てらすをむかえにYさん家へ。

5月10日（金曜日）京大総合博物館のS先生と打ち合わせ、保育園近くで助かる。午後からは大学で仕事。

5月12日（日曜日）てらすがヘルメット自発的にかぶる。散歩道に落ちているさくらんぼにハマる。拾って持って帰る。桜が散り、春から初夏に変わる。

5月14日（火曜日）朝から燃え尽きる。てらすを保育園へ送ってから家で休みつつ仕事。

5月16日（木曜日）イギリスから4名、打ち合わせにくる。てらす、Yさんに送迎を頼む。夜に迎えにいき、ヤモリが虫をたべているところにでくわす。

5月18日（土曜日）てらすを保育園に預け三条河原町へ、友人らの活動の講評会に参加。

ゴールデンウィークは、日中の長時間を水野とてらすくんの二人でどう過ごすかが問題になった。Ｙさん一家との交流や、サポートのおかげで乗り切ることができた。連休明けは、生活のルーティン化が進んだ。てらすくんの保育園の送り迎えや仕事に加えて、料理の作り置きをする時間を確保したり、週末の朝に焼きたてのパンを二人で買いに行って食べたりする習慣ができた。Ｙさん家への行き来は日常生活の一部となっているが、一方でてらすくんとの生活をできるだけ自律的に快適に営めるようにするための工夫も増えてきた。てらすくんの保育園では、運営資金が潤沢ではないため、保護者が園の掃除に参加する日があったりと、運営への貢献が求められる。てらすくんを一人にするわけにいかないので、父子家庭だと積極的な貢献は難しいが、できるだけ参加する。インタビュー中、以前に比べて新しい仕事に関連する話題が増えた。まもなくてらすくんが２歳になる。最後のインタビューを実施した５月19日に、この研究プロジェクトで使用している保存容量15GBのGoogleドライブがついに満杯になった。

## 04 | 加藤による省察　臨床現場としてのドキュメンタリー制作

　私は、三人目の著者としてこの論考に加わることになったが、三人のつながりは、もともとは、教室や会議室で出会うところからはじまっている。指導教員と学生、同僚といった関係があればこそ、学術的な成果をまとめて共著で公開するという流れは、ごく自然なものである。しかしながら、ひとたびキャンパスを離れてフィールドワークを実践し、とりわけ人びとの日常生活の機微にまなざしを向けようとするとき、その関係性はいとも簡単に揺らぐ。その移ろいやすさに、あらためて気づいた。私たちは友人として、相談相手として、あるいは、ただ「いるだけ」の存在として関与しながら、お互いに成長し合う。

　私は、このプロジェクトの進捗について断片的に聞いてはいたものの、状況に直接かかわりをもつことはなく、また、完全に対象化できるほど離れていたわけでもない。私は、その〈あいだ〉という特別な立場にいた。「作品」を入口に、大橋、水野が辿ったであろう道筋を遡りながら、現場での出来事や交わされた言葉の復原を試みつつ、『Transition』に向き合うことになった。その経験を、調査研究の方法や態度という観点からふり返ってみたい。

### (1)臨床的な知識

　まず、今回の『Transition』は、臨床現場における質的な調査研究を考える上で示唆に富んでいる。この論考で扱われているのは、文字どおりの「臨床」であったが、臨床現場が「領域限定的・実践的・円環論的」というキーワードで性格づけられるように［福島 2016］、さらに広い文脈で、私たちが知識を紡ぎ出してゆく方法や態度にかかわるものとして理解することができる。

　私たちが向き合う現場は複雑で、ただひとつのユニークなものである。臨床的研究においては、具体的な活動をとおして現場の理解を深め、えられた知見をふたたび現場に活かそうと試みる。そこでは、私たちは客観性や再現性を求めるのではなく、曖昧で予見や予測が困難な現場で、（少なくともその現場では）妥

当だと思える判断を促す知見を求めている。

　ドキュメンタリー映像が完成し、その成果を世に問うとき、「作品」は「作者（たち）」を離れてゆく。「作品」と「作者」が切断されることによって「作品」の流通が促され、また「作者」もいわば肩の荷を下ろして、あたらしい気持ちで次に向かうことができる。「作品」がひとり立ちすれば、もはや言い訳はできないので、「作者」にはいかなる批評も受け容れる覚悟が求められる。鑑賞者は、制作の動機や過程、そこに充填された感情を想像し共感することもあるが、ときには無責任な評価をおこなう。ドキュメンタリー制作を、完成した「作品」のみならず、この論考で展開されたような詳細なふり返りをもふくめた「過程」として理解することは、「作品」と「作者」との関係を再考するきっかけになる。鑑賞者とのつながりを更新するためには、「作品」と「作者」を切断しない（あるいは切断を先延ばしする）という選択肢も重要であることを示唆しているのかもしれない。中村（1992）が提唱する〈臨床の知〉は、「個々の場所や時間のなかで、対象の多義性を十分考慮に入れながら、それとの交流のなかで事象を捉える方法」である。ドキュメンタリー制作は、まさにその方法の体現だといえるだろう。

## (2) 長いかかわり

　プラースは、『日本人の生き方』のなかで、私たちの成長は、長きにわたって親しさをもちながら関係を保つ「関与者」たちに依存していると指摘する。「関与者」たちとは、比喩的には私たちの「存在と成長の道程を検討し、確認するために特別陪審員として選任された人びと」を指す。私たちは、「関与者」たちに助けられ、ときにはお互いを拘束し合う。『Transition』の制作過程に触れることは、こうした「関与者」たちの存在や役割を、あらためて考える契機となった。重要なのは、「私たちの人生の輝きは、身近な親しい人びと次第で、促進されもするし、逆に阻害されもする。彼らのおかげで私たちは、確実にやってくる変化や喪失や死への不安に抗して、成長という不確実な約束への希

望を持ち続けることができる (p.327)」という点だ。

　大橋は、映像エスノグラファーとして水野の呼びかけに応じ、現場との接点をもった。日常の記録をすすめていくうちに、「作品」としての映像を意識するようになり、やがて水野の「受容と回復」を願う存在としてかかわることになった。大橋は、博士論文を終えようというライフコースにおける一つの節目を迎えていたので、まさに「トランジション」は幾重にも交錯していた。

　エスノグラファーは、少なくとも二つの意味で現場との心理的なかかわりを引き受ける。まず、映像として記録された人びとの〈生〉に触れ、編集作業においてその映像をくり返し再生することになる。向き合う事物・事象に近づけば近づくほど、感情は揺さぶられる。さらに、「作品」を仕上げるにあたって、膨大な記録を選別する作業に追われる。水野、大橋の二人にとって、どのフレームも尊いものであったことは容易に想像できる。もちろん「作品」にかぎってのことだが、まさに二人が直面していたのは『Transition』を完成させるために、ある一定のデータを「棄てる」ことだった。その決断をすること自体が、「作品」を世に問うために必要な手続きであった。その手続きは、お互いを「関与者」として認め合っていたからこそ実現したのだ。


## (3)具体性のなかの「大いなるテーマ」

　一人ひとりの事情はもちろんことなるが、「トランジション」は誰にでも訪れる。その一つひとつは、個別具体的な物語として立ち現れる。『Transition』にかぎらず、私たちがドキュメンタリー映像にひきつけられるのは、その個性への関心からである。これまでに知りえなかった未知の〈生〉に触れる。あるいは、自らの物語と重ね合わせ、映像のなかに受容と回復の手がかりを求めることもある。細部におよぶ「厚い記述」があればこそ、鑑賞者は、他者の物語に没入し特別な感情をもって受け容れたり拒絶したりしようとする。上述のとおり、臨床的な現場はつねに個々の場所や時間のなかにある。

　『Transition』が「アムステルダム国際ドキュメンタリー映画祭(IDFA)」にエ

ントリーすることになり、渋谷のちいさな劇場で、完成版の試写会が開かれた。その案内が届いたのは、母が急逝してから一か月半ほど経ったときだった。いま思えば、突然のことにショックを受けながら、地に足が付かない状態だった。エンドロールが流れて、私はイスから動けずにいた。私たちをとりまく大きな世界が、一つの「作品」に凝縮されていることを思い知った。

　言うまでもなく、私自身が向き合っていたのは『Transition』に描かれた世界とはかけ離れたものである。だが、細やかな描写をとおして、誰もが成長の過程で直面する多様なドラマと重ね合わせることができる。たとえ一回性の出来事であったとしても、そのディテールを介して普遍抽象的なテーマへと誘われる。具体性のなかに「大いなるテーマ」が見え隠れする。


　私が〈あいだ〉という立場でかかわったことは、私自身の役割について考えるきっかけになった。これまでにも、鑑賞者の感想を起点に「作品」（および制作過程）をふり返る試みはおこなわれてきた。私は、素朴な鑑賞者として、ドキュメンタリーに描かれた「トランジション」の物語に誘われ、個人的な出来事と重ね合わせながら鑑賞した。同時に私は、直接「作品」に描かれることのなかった（つまり編集の過程で「棄てられた」）事物・事象について、想像できる「関与者」の立場にあった。映像によってコミュニケーションが誘発されるだけでなく、完成に向かって試行錯誤を続ける「作者（たち）」の姿が、わずかながらも漏出していた状況が、調査研究という観点から再考する機会をもたらした。「作者」が制作プロセスの一部を開放し、しばし「作品」を手放すことなく留めおく。「作品」のみならず、「作者」との弛まぬ対話を可能にする上映の現場を丁寧にかたどってゆく。その方法と態度が、私たちの思考と行動を円環的に保つためのヒントになるのではないだろうか。

# 05 結論

　以上、本論は多声的な構成に基づき、死別の辛さを克服する過程ではなく、辛さと共に生きざるをえなくなった受容と回復の移行期について記述した。本論における受容と回復とは「ままならない状況でもどうにか生きる術を見出す」ことだと考えられる。その過程においては、家財整理や移住、転職など、心身負担の観点から見ると非合理的とも思える判断があったことも明らかとなった。片付けは遺品整理業者に任せ、1年休職して心身を休めることで問題は克服できた（かもしれない）が、そのような考えに至ることは当時できなかった。

　また、水野は、大橋やYさん一家といった象徴的な伴走者に支えられながら、どうにか状況を良くするための判断を繰り返した結果、転職、移住によって生活再建を図った。つまり、「ままならない状況でもどうにか生きる術を見出す」ことは、少なくとも本事例においては、厄介な問いに対する反復的な判断に基づく解の満足化であって、必ずしも解の最適化を一回の判断で導き出すことではないこと、また、回復が元の状態に戻ることではなく、元とは異なる「どうにかなった」生き方が実践可能となった状態であることを示した。そして、このように問題の最低条件を満たす満足解を出すための格闘が「ままならない」のは、水野をどう研究対象とするか、という点にも顕著であった。

　様々なライフイベントが矢つぎ早に発生する研究の対象者が生きている現実世界を、現在進行形で理解するにはどうすればよいのか。本研究では、あらかじめ定めた方法に従って調査を進行するのではなく、生活の「現場の性質」5) に合わせて、その都度、複数のエスノグラフィックな方法を組み合わせたり、改変したりしながら、理解することを試みた。本稿ではその試行錯誤のプロセスを多声的に振り返った。本研究は、研究者である水野が研究の対象者であったから実践できた部分が大きいことは間違いない。ままならない人生の移行期に

ある人びとの生活を理解するための記録の仕方として、今回結果的に編み出されたアプローチが、どのように発展しうるか、また応用可能であるかを引き続き検討したい。

■文献
・Banks, Marcus（2007）.
Using Visual Data in Qualitative Research, SAGE Publications Ltd：London.
石黒広昭（監訳）（2016）『質的研究におけるビジュアルデータの使用』、新曜社.
・Büscher, Monika., Urry, John & Witchger, Katian.（2011）.
Mobile Methods. Taylor & Francis
・Caouette, Jonathan.（2003）.
FILM：Tarnation
・van Dijk, Geke., Mizuno, Daijiro & Raijmakers, Bas.（2013）.
Belonging & Belongings：Design Research Through Visual Explorations
In Proceedings of the International Association of Societies of Design Research conference 2013.
・Gaver, William., Dunne, Anthony & Pacenti, Elena.（1999）.
Design：Cultural Probes. Interactions. 6. 21-29. 1
・Haldrup, Michael（2011）.
Choreographies of leisure mobilities in Büscher Monika, Urry John, Witchger Katian（Eds.）Mobile methods, Routledge：London.
・Kana, Ohashi & Mizuno, Daijiro.（2019）.
FILM：Transition, International Documentary Film Festival Amsterdam 2019
https：//www.idfa.nl/en/film/f8b0c22a-2ed7-4ab4-83f9-9857c83e9f3e/transition
・Pink, Sarah.（2013）.
Doing Visual Ethnography, SAGE Publications Ltd：London.
・Pink, Sarah,, Horst, Heather., Postill, John., Hjorth, Larissa., Lewis, Tania & Tacchi Jo.（2016）.
Digital Ethnography：Principles and Practice, SAGE Publications Ltd：London.
・Raijmakers, Bas., Gaver, William & Bishay, Jon.（2006）.
Design documentaries：inspiring design research through documentary film.
In Proceedings of the 6th conference on Designing Interactive systems（DIS '06）. Association for Computing Machinery, New York, NY, USA, 229–238.
・Stickdorn, Mark et al（2010）.
This is Service Design Thinking：Basics, Tools, Cases, BIS Publishers：Amsterdam.
長谷川敦士（監修）、武山政直（監修）、渡邉康太郎（監修）、郷司陽子（翻訳）、（2013）『THIS IS SERVICE DESIGN THINKING. Basics - Tools - Cases：領域横断的アプローチによるビジネスモデルの設計』、ビー・エヌ・エヌ新社.
・Wilken, Rowan. & Goggin, Gerard.（2014）.
Locative media. Routledge
・大橋香奈（2019）
「映像エスノグラフィー研究における作品の行く末―『移動する「家族」』の上映実践を事例に―」、『生活學論叢』Vol.35, pp. 1-14、日本生活学会
・藤田結子（編）、北村文（編）（2013）
『現代エスノグラフィー：新しいフィールドワークの理論と実践』、新曜社
・白川あゆみ（2015）
「わが国における配偶者と死別した男性の心理社会的影響に関する文献検討」、『日本地域看護学会誌』18(1)、pp.102-109、日本地域看護学会
・李璟媛（2019）
「配偶者との離死別と子どもの生活状況」、『社会保障研究』4(1)、pp.4-19、国立社会保障・人口問題研究所
・小田博志（2010）
『エスノグラフィー入門：〈現場〉を質的に研究する』、春秋社
・福島哲夫 編（2016）
『臨床現場で役立つ質的研究法』新曜社

・中村雄二郎 (1992)
『臨床の知とは何か』岩波新書
・D・W・プラース (1985)　井上俊　杉野目康子訳
『日本人の生き方　現代における成熟のドラマ』岩波書店

■注
1) オートエスノグラフィーとは、調査者が自身を対象にして、主観的に経験を記録し、考察する一人称的な手法である［藤田・北村 2013］
2) いつ、どこでどのような経験をしたかがわかる日誌［Haldrup 2011］。
3) 2018年8月-2019年5月までの間に計28回インタビューを実施した際に水野が共有した日誌および写真・動画のデータは、約15GBに達した。
4)「フォトエッセイ」は、調査の対象者と調査者が画像と連動してともにプロセスを語ることに重点を置く様式である［バンクス 2016］。
5) 小田 (2010) は、人びとの生きている「現場の性質」として、「現在進行性」「予測不可能性」「即興性」「具体性」「複雑性」という5つの特徴を挙げている。

水野大二郎 (みずの だいじろう) www.daijirom.com
東京生まれ。Royal College of Art修士・博士課程後期課程修了、芸術博士 (ファッションデザイン)。日本帰国後はインクルーシブデザインなど、デザインと社会を架橋する様々なプロジェクトに従事。2012年、慶應義塾大学環境情報学部准教授に就くが妻との死別に伴い退職、2019年4月から京都工芸繊維大学にて研究・教育活動に従事。共著に『Fabに何が可能か』(フィルムアート社、2014年)、『インクルーシブデザイン』(学芸出版社、2014年)、監訳書に『クリティカル・デザインとはなにか?』(BNN、2019年) などがある。大橋香奈との共同監督作品『Transition』(2019) がアムステルダム国際ドキュメンタリー映画祭 (IDFA) 2019およびNippon Connection 2020に入選。

大橋香奈 (おおはし かな) visual-ethnography-lab.tokyo
大学卒業後、サントリーホールディングス株式会社に5年半勤務。退職後、フィンランドでの活動を経て、英国のMet Film Schoolドキュメンタリーフィルム制作プログラム修了。慶應義塾大学大学院政策・メディア研究科後期博士課程修了、博士 (政策・メディア)。
人びとの「移動」の経験に関する、映像エスノグラフィー研究を続けている。水野大二郎との共同監督作品『Transition』(2019) がアムステルダム国際ドキュメンタリー映画祭 (IDFA) 2019およびNippon Connection 2020に入選。2020年度より、東京経済大学コミュニケーション学部専任講師。

加藤文俊 (かとう ふみとし) fklab.today
京都生まれ。慶應義塾大学環境情報学部教授。ラトガース大学大学院修了、Ph.D. (コミュニケーション)。専門はコミュニケーション/ファシリテーション論、メディア論、定性的調査法 (フィールドワーク)。2003年より「場のチカラ プロジェクト」を主宰。学生たちとともに、全国のまちを巡りながら「キャンプ」と呼ばれるワークショップ型のフィールドワークを実践中。近著に『ワークショップをとらえなおす』(ひつじ書房、2018)、『会議のマネジメント』(中央公論新社、2016)、『おべんとうと日本人』(草思社、2015)、『つながるカレー』(共著, フィルムアート社、2014) などがある。

# 2

# 人魚の養生

ブブ・ド・ラ・マドレーヌ（アーティスト）

聞き手：雨森信（Breaker Project ディレクター）


——まずは今回のブブさんの手術と入院というところから話を聞ければと思います。

はい。7月に卵巣腫瘍と子宮筋腫がみつかって、8月27日に全摘手術をしました。今日は今回の手術と入院で気づいたこと、過去に自分がケアする側だった時の経験と今回の経験との関係、そしてそれらがこれからの自分の表現にどう繋がりそうなのかというあたりを話せたらと思います。卵巣や子宮の話は苦手だと感じる方もいらっしゃるかもしれませんが、楽しい話もありますので、どうぞよろしくお願いします。

## 01 | 幻覚と反省
手術と入院を通して気づいたこと〜委ねる覚悟〜家族とは何か

この10年近く、私の生活は母親の在宅介護中心の生活でした。母は10年前には要介護5で寝たきりでした。それが徐々に回復して現在は要介護2になり、2年前の2018年から近所の施設で暮らしています。精神的にも以前より朗らかになって、私はとても安心しました。今年の夏のある日、私は自分のお腹の

しこりに気づきました。病院でCTを撮ってもらったら骨盤の大部分を占めるくらいの白っぽい丸いお月さんみたいなのが写っていて、医者が目をまん丸にして「これ、卵巣ですけど直径15cmぐらいに腫れています。」と言いました。

　私は、それは体からのメッセージだと思いました。卵巣からの「えっと…そろそろこっちもケアしてもらってもいいですか?」というメッセージ。長い間、私は自分の健康診断には行っていませんでした。卵巣が直径15cmになるまで何年かかったのかわからないですが、自分のケアを後回しにしすぎていたと気づきました。すぐに手術をすることになりました。当初は悪性の疑いもあって「境界悪性」とカルテに書かれましたが、検査の結果良性だと診断されました。子宮筋腫はまだ小さかったですが、閉経もしていたので両方の卵巣と子宮を全摘してくださいと私から主治医に言いました。取ってしまうことで、その後の癌化などの可能性が無くなるからです。全摘することに対する不安や喪失感は全く無かったし、術後の今も取って良かったと感じています。

　まず、楽しかった話をします。それはお腹の中の様子が幻覚で見えたことです。手術する前の数日間、お腹をさすりながら「今までほったらかしにしてごめんね。私も楽になりたいからお別れすることになるけど、よろしくね。」と子宮と卵巣に言いました。60年近く共に生きてきた内臓ですからちゃんとお礼を言っておこうと思って。でも他の内臓に対してはそんな意識は向けていませんでした。手術が終わると傷口の痛みに加えて腸と胃がダメージを受けたことがわかってきました。腸と胃の声が聞こえる気がしたんです。腸が「え、卵巣さんどこ行ったん?」って動揺している。「何するねん?!」という怒りに近い声ですね。長年共に働いていたお隣さんが突然「天井」を切開されて明るみにさらされ、メスで切って持って行かれたわけです。腸はほとんど動きを止めてしまいました。その影響を受けて胃もびっくりして全く食べられないし、胃液が逆流して退院後も何度か噴水のように激しく胃液を嘔吐しました。主治医か

らは「腸捻転と腸閉塞には気をつけて下さい。」と言われました。腸が位置のバランスを崩してねじれたりしがちだと。それはそうだろうなと思いました。

　そんな中、ベッドの上で幻覚が見えたんです。退院後に医療関係の友人に話すと、大きな手術の後には起こりえることだと教えてくれました。ベッドの上で、眠っていないのにとても鮮明な映像が見えて「なにこれめちゃきれいやから保存しとこ」とか「スクショ撮って○○さんに見せよ」とか思うんだけど「え？クリックボタンはどこ？」みたいな。現実と幻覚の区別がつかない状態です。その中に自分の内臓の光景がありました。卵巣と子宮のあたりが「空き地」になって、混乱している腸や胃の様子が、なんか古い商店街みたいな。カメラアングルとしては食道に目がある感じです。例えば寒気を感じた時、「ちょっと体温上げよかー」という通達は神経や内臓の連絡網で伝えあうと思うんですが、それは内臓という「お店」どうしが長年積み重ねて来たネットワークですね。古い商店街って街灯の点灯時間とかBGMの選曲とか、その町内で相談しながらアナログで緩やかに伝えあっていると思うんです。そんな「内臓の商店街」がわりとはっきり映像として見えて、しんどいながらもすごく面白かった。子宮と卵巣って内臓の中でも特別な意味を持たされるというか、機能として消化とか呼吸じゃなくて生殖器官だからいろんな意味で特殊なんだけど、内臓としたら仲間ですよね。隣接しているし。そういう「商店街」。

《術後の幻覚_01》2020年　ブブ・ド・ラ・マドレーヌ　　《術後の幻覚_02》2020年　ブブ・ド・ラ・マドレーヌ

手術の前には主治医に「子宮を取っても性交は可能ですか?」って聞きました。可能だということは知識としてはありましたが、確認したかったから。そしたら「3ヶ月ぐらい経てば大丈夫です。」と言われたので安心しました[1]。

**—— 手術をしないとできなかった体験ですね。摘出してはじめて気づいたり考えるというか。**

そうそう、そうなんです。幻覚は楽しいこととして意識できたのですが、しんどさも大きかったです。おへそから恥骨の上まで15cmぐらいを切開したのですが、傷口なのか内部なのか、どこが痛いのかがわからない感覚。痛み止めの薬のおかげで、実際は痛いはずなのにどこかでそれが遮断されていることで脳が混乱する感じ。経験しないとわからないというのを謙虚に受け入れざるを得なかった。というのも、後でも話しますが、私は今までケアする側に居ることが多くて、ケアについてはある種の自信や驕りがあったと思うんです。「他人の痛みはわからない」ということにクールな態度でいることが「わかる」ということだと思っていた。でもそのわからなさは「50%」わからないんじゃなくて「0.1%もわからない、想像出来ないかもしれない」というものだったと思い知りました。自分はケアの経験者だと思ってきたことはある種傲慢なことだったのだと、文字通り痛いほど思い知り、反省しました。これは何かの啓示なのかなと思うくらい。「本当に本人にしかわからへんねんな」という実感ですね。説明が出来ない。

**—— 昨日ブブさんと話していた中で「手術のことは限られた人にしか言えなかった」、だからSNSで発信するのを躊躇した、という話題があったのですが。**

はい。普段私はSNSにわりと自分の日常を書く方なんですが、今回の手術のことは書きませんでした。特にFacebookは自分の、例えば介護をした・されたという経験を書くと「実は私も」とか「私の知り合いもこうこうで」みたいな自分の体験をコメントする人がいます。ありがたい時もあれば、それがとて

もしんどい時もある。私を励ますつもりで書いてくれているのだと思いますが、私が自分の話を聞いて欲しい時は人の話を聞く余裕が無い時でもあります。今回私は自分が誰かをケアするモードになる余裕が全く無かったから、自分の事は書かないでおこうと思いました。心配をかけても私はそれをフォローしきれない。あるいは相手のコメントを無視して嫌われることを避けたのかもしれません。そういう意味ではエゴイスティックなことですよね。でもそれで良いのだと思いました。

　SNS以外では数人の友人に直接話しました。そしたら「実は私も子宮取ったよ」「私も卵巣取ったよ」という人は意外と多くて。それはすごくありがたかった。元気な人の話は安心できます。だから詳しく聞きたい話もある。だけど聞きたくない話もある。すごくわがままな状態ですね。その境界はすごく曖昧やなぁと。わがままが許される関係について考えたりしました。いつでもなんでも聞き合わなくてもいいよね、とか。


　——それに関連して、ブブさんはこれまで身近な方のケアと看取りをやってきたと思うのですが、その話を聞いてもいいですか。

　はい。私は今まで4人の看取りを「家族」またはそれに類する者として経験しました。4人というのは多いのか少ないのかわからないですが、それぞれの経験と現在の自分の表現や社会的な活動は繋がっていると思います。

　最初は30歳の時、当時結婚していた人のお母さんが肺癌になって、在宅介護と看取りを「長男の嫁」としてやりました。古橋悌二[2]を友人たちと一緒に看取ったのはその5年後です。悌二は親兄弟にはHIV陽性であることとゲイであることをカミングアウトしていませんでした。カミングアウトできなかった。当時のエイズや同性愛に対する偏見と差別が今よりも酷かったからです。それで友人のネットワークでケアと看取りをしました。看取りの段階でお兄さんが合流出来たのは幸いでした。悌二が亡くなった数年後には、悌二を一緒にサポートしていた友人のひとりのお父さんの肺癌末期のケアをするチームに参加

しました。その時私は初めてホスピスで数日を過ごしました。その数年後、自分の父がやはり肺癌の末期だと診断された時、私は主治医に相談して在宅ターミナルケアについて教えてもらい、それを実行することが出来ました。この4つのケースについての詳細は、2015年に文章にまとめました。<sup>3)</sup>

自分自身の介護や最期はそれをあらかじめシミュレーション出来る場合もあれば、思い通りに行かないこともあります。いずれにしろ、社会的ネットワークの中で生きている以上は家族や友人や医療や福祉の専門家に身を委ねざるを得ない場合がほとんどです。それは諦めのようでもあるし、ある種の覚悟かもしれない。委ねるということで示す、ひょっとしたら愛情や友情のようなものかもしれない。私はこれらの経験を通して、委ねる・委ねられるってどういうことなのかを考えるようになりました。

それは、ひとつは「家族」について見直すことでした。私の友人達は結婚しているカップルが少なくて、シングルか同性のカップルが多いのでよくわからないのですが、法的に権利が保障されたパートナーや子どもが居る場合は、親や兄弟姉妹に加えて自動的に妻や夫や子どもにケアや判断を委ねられる全面的な責任と権利がとりあえずあると思うんですね。だけど、例えばDVがあったり、委ねたくない相手なのに法律上はその人が第一責任者だ、みたいなことはあると思うんです。一方で同性カップルのそういった権利はまだまだ充分には保障されていない。また、シングルで生きている者どうしがどうやって入院の時に助け合うかということも改めて切実だと思いました。今回も友人達にいろんな形で助けられました。シングルでも安心して医療や福祉を使える世の中は、家族の居る人達にとっても安心できる世の中だと思うんです。家族って実はそんなに安全や安心が永続的なものではないから。

それはジェンダーにも関係があると思います。女性に割り振られてきた仕事はいろんな意味で低く見積もられがちです。例えば人が人を触ってケアすると

いう労働に携わる人はもっと尊敬されるべきだと思うし、せめて労働としてちゃんと保障されるべきなのに、それを「家族でもできるでしょ」あるいは「家族がやるべきだ」みたいな。「公助・共助・自助」の自助部分は家族が無料でやってくださいという社会のムードは私達の健康対策としても逆行していると思います。

　もうひとつは、医療や福祉の専門家に委ねる委ね方にもある程度の知識が必要だということです。その知識があった方がストレスが少ないし、介護や最期の時間をより大切に、穏やかに過ごすことが出来る。例えばそれをコーディネートする人の存在がこれからますます必要になってくると思いました。また、今回のコロナ禍で私は「エッセンシャルワーカー」という言葉を知りました。普段はそれが当然だと思っていたエッセンシャルワーカーの人達が働き続けてくれることのありがたさと、その待遇が不十分であること。自分が誰かの労働によって日常生活を送ることが出来ていて、そしてその中でも医療や福祉に携わる人達の待遇改善は喫緊の課題だと思いました。今回の入院でも、事務方を含めた医療スタッフの細やかな配慮は身に染みて、私にとっては終われば去れる経験だけど、彼女ら彼らにとってはこれが日常であり仕事であるというのはいろんな意味ですごいことだと思いました。

## ケアする/される者として社会に挑む
**02** ケアとアート表現と社会的な活動が同時に進行した例
　　　〜アートスケープと横浜エイズ会議

　ところで、これらの経験の中でも悌二のケアと看取りは作品制作と同時に進行しました。悌二が、自分が男性どうしのセックスでHIVに感染して発症もしてしまったと、友人たちに手紙で伝えたのは1992年のことでした。当時彼はダムタイプというアーティストグループによる展示や公演に忙しい時期で、また1989年に別の友人たちと始めた新しいスタイルのクラブイベント「ダ

イアモンド・ナイト」も盛り上がっている時期でした。どうしたらその人たちと表現活動を続けて行くことが出来るのか。カミングアウトするまで、彼はそのことをひとりで考え続けていたのだと思います。彼に手紙でカミングアウトされた友人達の多くはHIV/エイズについてほとんど知識を持っていなかったし、セクシュアリティについてもLGBTQなどといった言葉は今ほど一般的では無い時代です。だからカミングアウトされた者たちはフル回転でそれはどういうことなのかを知り考える必要がありました。一方、世間はHIV/エイズや同性愛者に対する無知に基づく差別や偏見に満ちた報道や言説が溢れていました。今思い出しても胸が苦しくなります。当時の私達は、一人の人間の「ケア」と「アート表現」と「社会活動」、その三つを同時進行でやらざるを得なかった、もしくは、やろうとした。それを悌二が促したような気もします。

　この社会で、そして友人がエイズを発症したという状況の中で、作品を作り発表することの意味は何なのか。当時の医療ではエイズは発症してしまったら余命3年と言われていたし、実際彼は発症から3年目の1995年に亡くなりました。[4) ]その「はっきりと時間が無い」という状況は特殊だったかもしれないとは思います。でも同時に特殊ではなかったとも言える。なぜなら、どんなグループでも職場でも家族でも友人でも、お互いに明日も絶対に生きて会えるとは限らないからです。

　彼の場合はカミングアウトして周囲を巻き込んで社会を変えるような表現活動をしようとした。周りの人間の多くは、自分が今まで「カミングアウト出来ない人間が居る」という事を意識しなくても生きてこられたのだと思い知らされました。マジョリティの特権ですね。ヘテロセクシュアルや日本人であることはわざわざカミングアウトしなくても不自由は無いわけです。ほとんどのマジョリティはそれに無自覚です。そういうことを悌二は多分フルスピードでぎゅっと濃縮させてみんなに「バン！」って提示せざるを得ないタイミングだったんだと思うんです。

その頃ニューヨークでは多くのアーティストにとって友人たちが次々と死んでいくのが日常だったと悌二は当時の手紙やインタビューの中で書いています。[5] その日常の中で作品を作ることがある意味スタンダードな街。でも日本はそうじゃなかった。


　——ダンスボックスのインタビューの中でもブブさんは言われていますが、[6] 身近な主治医や医療スタッフを教育するっていうことだったり、日本の現状に対するアクションとしての悌二さんの表現活動だったり、その全てが社会に向けられたものだったということが重要な点かな、と思いました。

　その通りだと思います。悌二は私たちにHIV陽性をカミングアウトする前の数年間、ニューヨークで先輩や友人がやっていることを見ながら考えていたと思うんです。それで彼は幾つものことを友人達や社会に対して提案したり実行したりしました。その一つが、1994年に横浜で開催された国際エイズ会議に「文化的なアプローチ」を持ち込むというアイデアでした。国際エイズ会議というのは感染動向やワクチンや治療薬開発について報告しあう統計や医療や政策提言の学術会議ですから、主に研究者の会議です。しかしHIV/エイズに関しては社会的文化的側面からの理解が必要だ、つまり感染者患者自身が会議に参加して予防やケアや治療を促進させるための「無知と偏見と差別の『治療』」が不可欠だということをアピールする必要があると、80年代後半から世界各地のエイズ活動家は訴えてきました。

　でも、当時の私達には学術会議や活動家たちと自分達がどう関係あるのかがわからなかった。そういうお手本を見たことが無かったからです。でも悌二はニューヨークでリアルな体験がありました。例えば活動家やアーティストが政府や製薬会社に対してどんな行動したかとか。[7] 国際エイズ会議の文化プログラムを私達は「ラブ・ポジティブ」と名付けました。「HIVポジティブ」はHIVに感染して陽性だという意味ですから、それにかけて愛に感染しているという意味ですね。「ラブ・ポジティブ」は屋外でのスライドショウ＋ダンスパーティー

とシンポジウムで構成されました。[8]

　会議には欧米からもアフリカからもアジアからも、医者も学者も行政官も HIV陽性者も同性愛者もセックスワーカーも薬物依存にある人も学生もボランティも、HIVに影響を受けるあらゆる属性の人が集結しました。私達は彼女ら彼らと「ラブ・ポジティブ」の会場で直接出会って「コンドームは使えていますか?」とか「ピルを飲みながら性感染症を予防できていますか?」みたいなやりとりをしました。切実に聞きたいことだったし。その時、ほとんどの人が「うちの国はセックスについては保守的で…」って言うんです。アメリカ人もドイツ人もカンボジア人も、医者もセックスワーカーもそう言う。それまで京都で私達はそういう話をさんざんしていたから、自分たちの直面している課題は世界共通なんだ、現場は同じなんだっていうことに絶望しつつ同時にめちゃくちゃエンパワメントされました。社会との向き合い方にはある種の法則のようなものがあるのだと思いました。

　関西から50人くらいかな、横浜に行きました。雨森さんも居ました。みんなお金が無いから東京や横浜周辺で宿泊可能な家のある友人たちの協力も得ながら。その経験や記憶は、26年を経てそれぞれの現在の生活や仕事に様々な形で繋がっているのではないかと思います。


——横浜の国際エイズ会議でもそうだし、その頃ツアー中だったダムタイプのパフォーマンス《S/N》の傍らでいろいろ展開されていた、当時の「アートスケープ[9]」を中心にした活動が、アーティストだけじゃなくていろんな人が関わっていたということもすごく重要なポイントだったと思うんです。私自身のことで言うと、芸大生の頃からアートが閉鎖的であることに疑問を感じていたので、初めて表現活動が社会とリアルにつながっている実感を持てたことはとても貴重な経験だったんです。

　そうですね。「アートスケープ」に集まるのは、最初はアート系の学生やアーティストが多かったのですが、悌二のカミングアウトの手紙がきっかけ

でHIV/エイズやセクシャルマイノリティが置かれている状況に関心のある人も来るようになりました。医療や福祉の仕事をしている人とか活動家とか、いわばあまりアートには関心が無い人たち。その人達が一緒に事務所を使うので、例えばアート系の学生としてはびびることがあるわけです。「それは何か役に立つの?」とかズケズケ言われる(笑)。私はそういう人達と一緒にいることは大事というか面白いと思っていて、アート系の人間だけで身を寄せ合って云々することも大事かもしれないけど「そのデザインはどういう意味なん?」とか「それを見た人が実際にコンドームを使うようになると思う?」みたいに言われるところにあえて来る、雨森さんみたいな果敢な学生たちがね、集まって来ました。

——「アートスケープ」ではアーティストと活動家や医療や福祉の人たちが繋がっていたけど、今はそれがなかなか見られないと思うんです。もちろん全くゼロではなくて、そこに踏み込んでいってるアートプロジェクトやNPO、ブブさんのような人もいるんだけれど。

　それってすごく勿体無いことですよね。それは何やろ、出会い方が難しいのかな。

——私の印象だと、アート側からの見方になるんだけど、活動家は、何か問題に対してストレートに声を上げる、変革に向けてダイレクトにアプローチをする。それに比べると、美術作家は個々に問題意識があるんだけれども、直接的なメッセージではなく間接的な表現になっているものが多いというか。深く読み込んでいくと社会の問題・課題とされている事象を掘り下げて根源的な部分を追求しているんですが、そこまで気づかずに生ぬるいって思われることが多いなと。例えば、芸術文化とは違う領域の研究者など、日本で作品をほとんど見ていないのに、海外と比べると日本には社会問題にストレートにアプローチしている作家や表現活動はほとんど存在しないような話をする人が時々いて。

ちゃんと調査してから言えよ!!ってムカつくわけなんですけど。

　それはムカつきますね。


　──学者にしても、活動家にしても、アクティビズムの活動に比べると、アートは生ぬるい、って思われていることが多いのかな、というのが、私の印象です。そうなると一緒に何かやってみようとはなかなかならないですよね。お互いにリスペクトがないと…。

　その話は重要だと思います。


　──アーティストが何をどう表現するのかということについて、例えばパフォーマンス《S/N》の場合はね、圧倒的な強度っていうのがあって、もちろんそれ以外の周辺の活動の影響もあったわけですけど、普段アートには関わっていないアクティビストや福祉の人や医療の人など、いろんな人たちを巻き込んでいく力があったというか。

　《S/N》が?


　──うんうんうん。

　客観的な分析は私には出来ないかもしれないですが、ひとつは作品のメディアによる違いはあるかもしれない。《S/N》は劇場作品で、音楽と映像とテキストと身体表現などいろんなメディアの複合体だから、絵画だけ、映像だけの表現等に比べて良い意味で欲張りというか。いろんな人のいろんな「入り口」にあの手この手で働きかける。音楽が入り口になる人も、ダンスでグッと来る人も、テキストで納得する人もいる。だからそういう「あの手この手タイプ」と、単体の絵画や彫刻のような手法とでは、空間のあり方も違うと思うんですよね。なんとかして観客に「今ここで」リアリティを持って向き合ってほしい、「もう時間が無い」という切実さがあったと思います。

あと、1994年の《S/N》の初演から26年経って、今この作品は記録映像でしか見られないのですが、観客の反応は変化してきていると感じます。90年代の日本では《S/N》は「エイズやセクシュアリティを扱った作品」だと評論されました。つまり「マイノリティの問題」だと認識されていたんです。メンバーの中にHIV陽性のゲイが居たという背景はあったけれども、《S/N》はエイズとセクシュアリティのみについての作品ではない。そうではなくて「マジョリティにマジョリティの問題を突きつけた作品」だと私は思っています。ダムタイプは、自分達は「マイノリティ / マジョリティ」という単純な二項対立を含みつつそれを「ずらした」ところの「人間関係」について言及しているという言い方もしてきたと思いますが、その「人間関係」をめぐる意識や環境が90年代と比べると大きく変化したと思います。マイノリティや女性たちは、この何十年間も社会の不公正に対してあらゆる方法や言葉を尽くしてできることを全てやってきたと思います。セクシズム（性差別）もレイシズム（民族差別）も階級差別もマジョリティ側の問題だということが、部分的にしろ、世界的により意識されるようになってきたのではないでしょうか。《S/N》にはそういう「先見性」というのかな、切実さというか、メッセージの強度はあったと思います。

## 03 ｜ 自分へのケアと表現
自分のケアを通して考える〜これまでの活動とこれからのこと

　——では、最後にブブさんのこれまでのケアを通して発見したことや学んだこと、そして今回の手術を通して自分の身体と改めて向き合ったことが表現活動に今後どう繋がっていくのか、少しお聞きできれば。

　はい。私の当初の関心事は「この社会で女性であるというのはどういうことか？」でした。表現活動を始めた頃に経験したのが自身の離婚とゲイである友人のHIV感染カミングアウトだったからです。

　去年作った作品のタイトルは「人魚の領土と脱皮」です。「人魚の領土」シリーズは2004年から続けています。女性やセックスワーカーとしての日常か

ら、自分の皮膚や体はどこまでが自分の「領土」なのか、それは自分自身に本当に所有や管理が可能なのかといった疑問が基本にあります。2009年に雨森さんのキュレーションで「水都大阪」に関わったあたりから、それまでの自分の性的なアイデンティティ以外に、民族的なアイデンティティ、例えば自分は日本人であるとか海洋民族かもしれないとか、この列島における民族の構成とか、別の「軸」を大阪の歴史を調べる中で発見しました。それで私の中の性的なアイデンティティが相対化されて、ある意味とても楽になりました。と同時に別の課題も明らかになったわけですが。そして2010年には社会学者の山田創平さんとのコラボレーションによる《水図（すいず）プロジェクト》を、再び雨森さんのキュレーションで、別府で始めました。《水図プロジェクト》は近代[10]社会で人間が失ってしまったものを「水」に象徴させ、その「図」を描くというアイデアです。その「水」という領域と、そこに棲息する生き物としての人魚が私の中で繋がりました。

　去年、突然「人魚も脱皮するのでは？」と思いつきました。表面の変化ですね。それで自分の着古した衣類やシーツなどでウロコを作って繋ぎ合わせ、全長6メートルぐらいの「脱ぎ捨てられた後の皮」を作りました。巨大な人魚の皮です。それが《人魚の領土と脱皮》です。[11]

　今回の手術でお腹を切って内臓と向き合ったことで、内臓もある種の表面なのだと思いました。その表面は何かというとやっぱり他者との境界なわけで

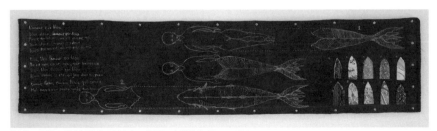

《人魚の領土と脱皮》部分 2019年　撮影：木暮伸也 Kigure Shinya

す。私が誰かの皮膚に触れる時、それは愛情の表明かもしれないし暴力になる
かもしれない。その皮膚という表面を通した関係が内臓にも至るという実感で
す。人はそれを切り取ることもできるぐらいの侵犯の可能性。私は自分の主治
医を信頼したから私のお腹を開け内臓を切り取るということを彼に許したわけ
です。でも、ほんまにこの人を信用してもいいのかをどこで判断したのか。あ
る種の「賭け」ですよね、医療や科学に対する。それを実際に痛みを伴って体
験し、その結果を引き受けざるを得ないのが回復の過程でした。術後6週間経
ちますが、今日も私が一生懸命やっているのは、自分の体をどう回復させるか
です。まだあまり食べられないし、ずっとしんどい。でもちゃんと食べて眠れ
ば脳や身体や精神は回復するのだという確信が私にはあります。母の回復の過
程を、毎日3食作りながら見ていたからかもしれません。それはラッキーなこ
とだったと思います。今はまだ全然お腹に力が入らないし、1日のほとんどを
横になって過ごしています。一人暮らしだし、一人で自分のケアをするという
挑戦でもあります。食べたくないけど食べないと排便が無いのでそれは切実な
問題です。腸が動かないと胃液を激しく嘔吐することになるし、嘔吐はとても
しんどいですから。また、好きな食材を何でも買えるわけでもない。通帳の貯
金の残高を考えないといけません。そういった自分の健康と経済を管理すると
いうことに必死な状態です。

　同時に、この手術の前からの新型コロナウイルスの感染拡大によって発見し
たこともありました。仕事が減ったりなくなったり人と会えないことは自分の
経済としても社会的にも危機的なことだけど、一方で「世の中ってこんなに呼
吸しやすいものだったんだ。」という実感があったんです。つまり日常の一部
が禁止された時に自分の精神と体が思い出した自由や解放感みたいなもので
す。いろんな人からも、リモートワークで満員電車に乗らなくて済む、子ども
と過ごす時間が増えた、また引きこもりがちな学生がリモート授業は楽しみに
しているとか、今まで何か無理をしていた人たちが楽になったという話を複数

聞きました。新型コロナウイルス感染拡大という「禍（わざわい）」が無ければ人は気づけないほど、何かに流されて、それが資本主義なのか効率主義なのか消費主義なのかわからないですけど、どんどん仕事が増えていくみたいなことになっていたと思うんです。自分の精神と体はどんな時間を必要としているのか。「自分を大事にする」という言葉はあまり好きではなかったのですが、でも「自分をケアする」という言葉に尽きるな、と。それは結局他者にとっても幸せなことであるかもしれない。

　自分の身体に意識的になる、意識してもいいんだと自分を許せること。家族でなくても見守ったり委ねたり肯定したりし合えること。そういう関係性や環境が小規模であっても存在すれば、とりあえずは大丈夫なのではないかと思います。今は自分のお腹が社会の制度に直結していることを改めてまざまざと感じています。その意味で私はこれからも社会で起きていることに関心を持たざるをえないし、自分の内部と社会との境界で起きていることをケアしたり観察したりする時間を意識的に獲得していきたいです。そして観察してわかったことが視覚化や言語化されて作品になっていくのだと思います。

(2020年10月11日)

■注
1) 主治医にはその他に「膣の長さは変わらないのか」「挿入する側に膣の奥の『縫い目』は感知されるものなのか」を聞きました。長さは変わらず、感知も多分できないのではないかとのことでした。また、術後に一人で実験した結果、性感にも変化は無かったことも報告しておきます。
2) 1960-1995 アーティスト。『ダムタイプ』や『ダイアモンズ・アー・フォーエバー』の創設メンバー。
3) 『統合失調症のひろば』日本評論社、2015年春号、P.13-17
4) 現在(2021年)では、HIVに感染しても早期発見早期治療を行なうことで、慢性病として生涯付き合うことが可能です。また、特定非営利活動法人日本HIV陽性者ネットワーク・ジャンププラスのサイトには「HIVは治療をすればつらくない？」として山口正純医師による以下のような記述があります；「U=U(Undetectable=Untransmittable)とは、効果的な抗HIV治療を受けて血液中のHIV量が検出限界値未満(Undetectable)のレベルに継続的に抑えられているHIV陽性者からは、性行為によって他の人にHIVが感染することはない(Untransmittable)、ということを表すメッセージです。近年、国際的な研究によってこれを支持する多くの科学的知見が集積され、世界的なムーブメントとなっています。具体的な情報は、コミュニティセンター akta；https://akta.jp/community-center/による「U=U 2020」キャンペーンのウェブサイト；https://akta.jp/uu2020/などをご覧下さい。
5) 『メモランダム』リトルモア、2000年
6) 前編　https://db-dancebox.org/blog/20171111/1574/
　　後編　https://db-dancebox.org/blog/20171111/1577/
7) 当時の状況は映画『怒りを力に〜 ACT UPの歴史』（ニューヨーク）や映画『BPM ビート・パー・ミニット』（パリ）等に描か

れている。

8) 横浜国際エイズ会議 『クロニクル京都1990s～ダイアモンズ・アー・フォーエバー、アートスケープ、そして私は誰かと踊る』（森美術館にて開催された同名のアーカイブ展のカタログ）森美術館、2019年、P.62-67

9) 京都市左京区の住宅地にあった木造の一軒家を借りて運営された共同オフィス。当初は複数のアーティスト、ギャラリーのオーナー、アートプロデューサー達によって構想され、後にさらに多様な人々の活動の拠点となった。

10)《水図プロジェクト》 山田創平氏らとのリサーチワーク。ベップ・アートマンス（別府現代芸術フェスティバル「混浴温泉世界」実行委員会主催）にて制作・発表された。

11) インスタレーション作品《人魚の領土と脱皮》は『表現の生態系』展（アーツ前橋、2019年）において展示された。

**ブブ・ド・ラ・マドレーヌ**
京都市立芸術大学美術学部構想設計専攻卒業。ダムタイプのパフォーマンス《S/N》(1994-96)に出演。その後、国内外のアーティストとの共同またはソロでパフォーマンス、映像、絵画、テキスト等による作品を発表。同時にHIV/エイズと共に生きる人々やセックスワーカー、女性、セクシュアルマイノリティ等の健康と人権に関する市民運動に携わる。主な寄稿に「たたかうLGBT&アート」（法律文化社、2016）、「セックスワーク・スタディーズ」（日本評論社、2018)等。

**雨森信（あめのもり のぶ）**
京都市立芸術大学美術学部卒業、設計事務所、ギャラリー勤務を経て、フリーランスのキュレーターとして活動。2003年より「Breaker Project」を企画、長期に渡る地域密着型のアートプロジェクトを手がける。ほかに「水都大阪2009」「BEPPU PROJECT2010」「札幌国際芸術祭2017」「さいたま国際芸術祭2020」など、さまざまな現場において、独自の表現活動を開拓するアーティストとともに、新たな表現領域を探求。地域に根ざしたアートの実践を通して、現代における「芸術と社会の有効な関係」と、アートマネジメントの役割について研究する。Breaker Project ディレクター、大阪市立大学都市研究プラザ特別研究員。

# 3

# 苦しみを生きのびる
## ——苦しみと回復についての臨床哲学的「当事者」研究

高橋綾 (元ひし形、芸名ハカセのほう)

## oo | 「悲哀系」の哲学者 (泣)

　みなさま、こんにちは。いつでも順調に最底辺の哲学者、ハカセこと高橋でございます。哲学者というものは大抵世の中の「埒外」の存在ではありますが、わたくしはそこまで悟りきることもできず、アカデミシャン (特に男性) からはほぼ仲間とみなされない臨床哲学の女性実践者、有期雇用のプレカリアートとして、数々の無理解や公募落選にもめげず、なんとか業界の「最底辺」に生息しております。不幸は重なるもので、家族内に起こった不慮の出来事の打撃もあり (こちらについてはそれが何であるのかを書くほどの気力もない状態)、自尊心低めの鬱傾向で低空飛行しつつ、受容や回復からはほど遠いままに精神的死線をさまよう日々でございます。まあ、不幸自慢・比べはしてもしかたがありません、みなさんがみなさんの地獄を生きておられると同様、わたくしも、わたくしの地獄をなんとかかんとか生きているわけでございます。

　最近、わたくしは、自分がこんな状態なものですから、もともとやっていなかった文献研究はもちろん、前にはできていた子どものキラキラした問いに

64

ついて一緒に考えることからも遠ざかり、人生のダークサイドを歩む人たちに心を寄せ、もっぱら自助グループのような話し合いの会の進行役をしています。がんを患った人やその家族との対話や、DVや機能不全家族のサバイバーなど生きづらさを抱える女性たちとの対話、などです。わたくしが専門とする「臨床哲学」というのは、「『臨床』という、人々の『苦しみの場所』とでもいうべき場所に」「わたしが、名前を持った特定の誰かとして、別のだれかある特定の人物に関わってゆく」[鷲田 1999：53] 営みだと言われているのですが、わたくしとしては、臨床哲学を実践するという大層なことではなく、陽光きらめく賑やかな場所より、寂しく荒れはてた人生の日陰のほうが、自分に似あいの場所だと感じてしまうだけなのです。

　日本を代表する哲学者、西田幾多郎先生の名言に、

　　哲学の動機は「驚き」ではなくして、深い人生の悲哀でなければならない

という言葉があります[西田 2002：92]。世に「驚き」系の哲学者は多かれど、わたくしなんぞは、幾多郎先生の衣鉢を勝手に継ぐ、数少ない「悲哀」系哲学者と言えましょう。

　さて、今回は、「受容と回復」というお題をいただいたのですが、賢明な読者の皆さんはおわかりのように、このようにやさぐれ荒んだわたくしに、受容と回復の感動的なストーリーなど書けるわけがありません。ですので、喪失や災厄のあとで、人はなぜ、どう生きのびるのか、その時に生まれる、涙や血、時には排泄物すれすれのものにも似た、不恰好で、わらにもすが

やるせない
幾多郎

イラスト：永井玲衣

るような思索や探求であり、表現の営みとはどんなものなのか、ということについて考えてみたいと思います。

## 01 | 受容と回復の重要性について、それでも残る違和感

　いただいたテーマである「受容」と「回復」について考える時、これらの言葉はあるモデルに対置されるオルタナティブであると言えそうです。対置されているのは、「医学–治療」モデルです。精神科医のキュブラー＝ロスは、1969年に*On Death and Dying*という本を出し、死を間近にした人は、さまざまな気持ちを経験するが、多くの人が最終的には自分の死を受容するという「死の受容」のプロセスを提唱しました。また、1930年代にアメリカで結成された、アルコール依存症者たちの自助グループであるアルコホーリクス・アノニマス（AA）は、現在に続くグループのマントラとして「回復の12ステップ」を作ります[1]。そこから下ること60年、精神科医ジュディス・L・ハーマンは1992年に*Trauma and Recovery*という戦争や家庭内暴力、虐待の心的外傷とその回復についての真実を見つめた本を出版し、話題となります。

　さて、死が間近の病んだ人とアルコール依存症、そして心的外傷のラディカルな共通点は、医学では治せないという点です[2]。ですから、受容や回復という言葉は、もともとが、取り去り、元に戻すことができないような出来事とそこから生まれるアンキュアラブルuncurableな苦しみについてどう向き合うか、という時に出てきた言葉であると言えます。医学–治療モデルではどうしようもない苦しみに対し、がんの緩和ケアでは、「治療＝キュア」ではなく、病や死の受容や「ケア」が重視され、精神保健の領域では「疾患や症状がなくなることや、機能が戻ることだけではなく、暮らしの回復や主体性の回復」「元の地点に戻るというよりは、自分の送りたい人生やありたい姿に近づく」[宮本2016：111]という意味での「回復recovery」、治療モデルではなく「生活」モデルが重視されるようになりました。

66

ここにおいて重要なもう一つのことは、キュブラー＝ロスやハーマンが記述した、受容や回復の道のりは、専門家である彼らの発明ではなく、当事者から学んだものであったという点です。ここからわかるのは、受容や回復を語るには、当事者の視点が最初に来るべきであり、それぞれの当事者が見つける歩みは人それぞれであること、受容や回復は、治療のように専門家が与えられるものでも、目標として課すべきものではないということです。このことを踏まえ、精神保健医療では、回復とはゴールではなくプロセスであり、回復についてアセスメントする場合でも、当事者の目線や評価を入れることが定石となりつつあるそうです。［宮本 2016：114-115］

　近頃は、医療や支援に関わる人たちも受容や回復に関心を持ち、新しい実践や研究も出てきています。「レジリエンス」や「ポストトラウマティックグロース」というような言葉もこれに類する概念として注目を集めていますね。医学−治療モデルが全盛の現代において、受容・回復−ケア・生活モデルの重要性を主張することには、全体としては異論はありません。しかし、その一方で、やさぐれたわたくしのダークサイドが、「安易にキラキラした言葉を差し出す人を信用するな…」とささやくのです。自分としても、この違和感がどこからやってくるのかよくわかりませんし、わたくしの歪み病んだ心が生み出した妄念なのかもしれません。ただ、病んだ者の直感にも一部の理があるとするなら、それはやはり、喪失や災いのあとを生きのびる、それぞれの人々の血や涙の滲む道のりを、受容や回復というたった一つの言葉で言い表してよいのかという違和感であり、「回復や受容はゴールではなくプロセスである」とどんなに念押ししても、支援者だけでなく当事者のなかでも、いつのまにかそれがゴールになってしまうことへの懸念です[3]。

　また、人間や人生という謎に関心を持つ哲学者としては、第二次世界大戦中の強制収容所のサバイバーのなかでも、老年になってから自ら再び死に近づいていったパウル・ツェランやプリモ・レーヴィ、あるいは、ルーマニアの思想家で、『生誕の災厄』という著書において生自体が災厄であると宣言しなが

ら、その災いでしかない生をメランコリックに80年以上生ききったエミール・シオラン、はたまた、映画『リーヴィング ラスベガス』の主人公たちのように、アルコール依存の死に至る道をもつれあいながら確信犯的に生きていく人たち、このような人たちの、受容や回復という言葉にはおさまらない矛盾や謎にみちた道行きをなんと言い表せばよいのか、という疑問が頭のかたすみに残り続けています。

　ですので、ここから先は、できるだけ受容や回復という言葉を使わずに、災厄や苦しみを「生きのびる」道について書いてみたいと思いますし、生きのびることも、生きて善い終わりを迎えるという遠い目標ではなく、AAの知恵にならって「今日一日を、できればシラフで、できなければどんなかたちでも生きのびる」という、それぞれの人の、さまざまな日々の格闘として考えてみたいと思います。基本的には、生きのびることは肯定の道ではありますが、もしかしたら、肯定と否定の複雑に入り組んだ道や、徹底して否定を行くこともまた生きのびることには含まれるのかもしれないという生の謎や矛盾も消えないままに置いておきます。


## 02 ｜ 苦しみについて

### ■身体を生きる苦しみ Suffering と他者や社会のなかで生きる苦しみ Social Suffering

　　幸福な家庭はどれも似たようなものだが、
　　不幸な家庭はそれぞれに不幸である


　ロシアの小説家はこう書いていますが、がん患者・家族やDVサバイバーの苦しみを生きる語りをきいていると、人間を不幸や苦しみのどん底に突き落とす出来事はさまざまなれど、そこで生じる人間の苦しみは、そのどん底まで下

ればどれも似たようなものなのではないか、という感慨をしばしば持ちます。

　仏教では、生それ自体が老病死を免れぬ苦であると説かれているように、人間の苦しみ Suffering とは、私たちが痛み、病み、衰え、死ぬ身体であることや、生きることがもともと脆さや偶然性を抱えたものであることから生じるのでしょう。また、人間のもう一つの定めとして、他人や社会との関係のなかでしか生きられないということがあり、そこから生じる苦しみもあります。社会や他人に起因するネガティブな影響–差別、暴力、虐待、貧困、戦争–に巻き込まれること、Social suffering（社会的苦しみ）[クラインマン他 2011] と呼ばれるものです。

　わたくしは、たまたま、がんという病の Suffering を生きる人と、DV サバイバーのような他人や社会からのネガティブな影響、Social Suffering を生きる人の両方に関わっていますが、わたくし自身が、医者、心理士、社会福祉士ではなく、当事者寄りの話し相手、そして苦しみを観察、感得する悲哀系哲学者としてその場にいることもあり、病という身体的な苦しみと、暴力や人間関係の破綻という心理的・社会的な苦しみという別々の領域の苦しみに関わっているとは思っていません。

　がんという病、身体的な苦しみと思えるものでも、がんの告知を受け、治療できないと言われてショックで鬱になってしまった、再発が不安で物事が手につかない、病気のことを健康な人にはわかってもらえない、治療法や介護のことで家族との間に軋轢が生まれた、会社に理解が得られず仕事に復帰できない、というように心理的・社会的苦しみを含み込んでいます。一方で、DV についても、身体的な暴力、言葉の暴力やネグレクト、経済的な暴力など、さまざまな暴力があります。また、どの暴力も、受けた人の心身だけでなく、その後の社会生活や人間関係に大きなダメージを与えます。心身に刻み付けられた暴力の痕跡は消えることなく、不眠や過覚醒、突然の感情の爆発、あるいは感覚の麻痺や緘黙、頭痛や倦怠感というふうに、心だけでなく身体にも何度でも繰り返し戻ってくるのです。保健医療では、人間を、身体的・心理的・社会

的・スピリチュアル (霊的、実存的) 存在[4]としてとらえ、この四つの象限が混じり合った人間のありかたを「全人的存在 Whole Person」と言います。そう考えると、病や喪失のようなSuffering も、暴力や人間関係の破綻のようなSocial Suffering も、この人間性全体に関わる苦しみであると言えます。

### ■苦しみの本質　つながりや統合性の崩壊

　人間の苦しみを引き起こす出来事には、「愛するものの死、無力、助けや希望の途絶、拷問、生活の糧の喪失、深い裏切り、肉体的苦痛、孤立、ホームレス状態、記憶喪失、間断ない恐れ」[Cassell 2004：42] などさまざまに不幸な出来事があります。ただし、苦しみは、これらの出来事とイコールではありません。同じ出来事を経験しても、その出来事の捉え方や影響は人によって異なることからもわかるように、それぞれの人の苦しみとは、その出来事がそれぞれの人の生に与える「影響」のことを意味しています。この「影響」の本質とは、一体何なのでしょうか。

　わたくしと同じように、人間の苦しみの普遍性に惹きつけられた医療者、エリック. J. キャッセルは、衝撃を与えた出来事が何であれ、苦しみが引き起こされるのは「人としての完全性 intactness、一貫性 coherence、統合性 integrity」[Cassell 2004:38] が損なわれた時である、と述べています。人は誰でも、過去と未来のつながり coherence のなかに生きています。突然の不幸な出来事は、この時間のつながりと、未来につながっていくはずだったわたしの物語を難破させます。時間と物語のつながりから切れた人は、海図を見失ってただ現在を彷徨うだけになります。

押しつぶされる錬五郎

　また、人は、他人、社会とのつながりのなかで生きています。愛する者との別れや死、他者からの暴力、社会やコミュニティからの排除や否定が、人に大きな傷を負わ

せるのは、他人や社会とのつながりが、わたしという存在の統合性integrity
のかけがえのない一部であり、その存在の基盤が打ち砕かれることによるので
しょう。

　しかし、わたくしは、不幸な出来事によって打ち砕かれる、もっとも大きな
ものは、もしかしたら「自分とのつながり、関係」なのではないか、という気
がしています。病になると、まず間断ない身体的な痛みでなにも思考すること
ができなくなり、心的、社会的存在としての自分はどこかに行ってしまい、痛
む身体・物体としてしか存在できなくなります。また、一人でいろいろなこと
ができていた自分、健康で美しい身体を持っていた自分という自己イメージが
崩れ、できないことが増え、傷み損なわれた自分の身体と新たに付きあってい
くという課題が生まれます。DVや虐待などの出来事は、被害者の心身両方の
自己統御感、「自己決定を行う能力」［ハーマン1999：205］や「自分には十分生き
ていく力と才能がある」［ハーマン1999：243］という感覚を根本から破壊すると言
われています。

　時間のなかでのつながり、他人や社会とのつながり、自分とのつながり、こ
れらのつながりが崩壊して、痛み傷ついた物体になりさがるか、もと自分だっ
たかもしれないばらばらのかけらになった時、人は苦しむ、あるいはこのつ
ながりを失った壊滅的な状態が、苦しみの正体であると言えるかもしれません。
苦しみの荒野に残るのは、ばらばらになった自己の切れはしと、圧倒的な無力
感と孤立感、そして何かが根本から失われてしまったという喪失感です。

　さて、この苦しみの荒野が、受容と回復の道行きの出発点です。普通、人は
この光景を目にすると、途方に暮れ、そこを動けなくなるものです。でも、あ
る意味それで順調です。今日一日この荒野を見つめているだけだったとしても、
一日生きのびたことに変わりはないのですから。いつ動き出すかは、自分のタ
イミングでよいのです。

# 03 | 苦しみを生きのびる、長く、曲がりくねった道

　苦しみとは、できるなら直面したくない恐ろしいものですが、救いはそこから先に進む道があるということです。また、不思議にきこえるかもしれませんが、苦しみそのものは精神的な病理や異常ではありません。それはいかなる場合でも「異常な状況に対する正常な反応」であると言えます。無力感、孤立、喪失感という苦しみ自体は災厄や喪失というイレギュラーな出来事のあとで起こる、ごく自然で正常な人間の反応です。だから多くの先人サバイバーたちは、専門家に頼らず、自然回復力と仲間の助けだけを頼りにして、苦しみの先を生きのびてきたのです。

　先にも紹介した通り、こうしたサバイバーの歩みから学び、キュブラー＝ロスは、死や喪失の受容のプロセスを、「否認、怒り、取引、抑うつ、受容」［キュブラー＝ロス1998］とまとめました。ジュディス・ハーマンは、心的外傷からの回復は「安全の確保、想起と服喪追悼、再統合」［ハーマン1999］というステップをたどると述べています。ただ、誤解してはならないのは、苦しむ人の歩みの特徴をあえて一般化するとこうなる、ということであり、当人の目からみれば、毎日が一寸先は闇の修羅場であり、それを一日一日生きたら結果的にこういう道ができていたにすぎないということです。

　「受容や回復はプロセスである」というのは、耳障りがよい表現ですが、実のところ、そのプロセスというのは、本人や周りの人にとって、本当に苦しいもので、健常な外部の人から見れば、このプロセスにある人－わたくし自身も含め－は、怒りっぽくいらいらしているかと思えば、突如泣き出したり、フリーズして黙りこくったりする、必死に愚かなことにしがみついて動かないかと思えば、とんでもない迷惑行為や奇行をやらかす、厄介な存在にしか見えません。本人ですら、そんな自分を持て余していて、逃げ出したいくらいなのです。このプロセスのどうしようもなく悲・喜劇的な点は、そのプロセスのなかのもがき自体が、本人にも他人にもあまりポジティブには捉えられず、理解を

得られないばかりか、結構な割合で厄介とかビョーキとか思われるという点です。

　以下、みなさんが受容や回復のプロセスと思えないようなはた迷惑な行動もそこに含まれており、生半可な気持ちで他人の受容や回復に関わるとケガすんぞ！ということを理解していただくために、キュブラー＝ロスの受容のプロセスについていくつか当事者的注釈をつけておきます。

## ■否認

　まず、普通の人は、苦しみに出会った時、そういうものと素直に受け入れることをしません。無いものとして逃避したり、自分はちがうと言い張ったりして、苦しみに出会うことに抗います。自分の死や病の宣告は最初は現実味がなく、にわかには信じられないのは普通のことですが、その範疇を超え、「医者の診断が間違っている」と言い張って医者を何人も変える人や「がんは治療しないのが正解」的な言説にすがる人、明らかにDVなのに「これはカップルの喧嘩なの、わたしたちって喧嘩するけど仲がいいのよ」と言ってとりあわなかったりする人を見ると、周りのほうが心がざわつきはじめます。おそらく本人も、苦しみや破綻の存在を認めてしまったら、その先の道行きは恐ろしく苦しいものでしかないということをうすうす気づいているからこそ、それに直面することを避けようとするのでしょう[5]。

　AAの偉大な「回復の12ステップ」の最初のステップは、「私たちはアルコールに対し無力であり、思い通りに生きていけなくなっていたことを認めた」というもので、AAには基本的にこのステップを受け入れた、あるいは、受け入れる気のある人しか参加ができません。苦しみを生きのびる道のりは、もうどうしようもないと覚悟を決め、苦しみに降参しその門をくぐるということからしか始まりません。ですが、最も苦しい道を避けなんとか代替策を探ろうとするというのも、人間の自然な本能とは言えるのかもしれませんから、苦しみに抗い、逃げまわるのも、ある意味その一日を順調に生きのびているのだとも言

えるでしょう。そういう人を見たときには、馬の口をつかまえて水場に連れていき苦しみの水を無理やり飲ませるなどという残酷なことはせず、「あなたが納得するならそれでいいのよ、納得いくまで他の道を探してみなさい（たぶんないけどね…）」というおおらかな心で見守ることをオススメします。

## ■怒り

　健常なみなさんは、苦しんでいる人は泣いてばかりいると思うかもしれませんが、実は結構怒っている人が多いです。「なぜわたしだけがまだ若いのに死なないといけないの?!」「あなたは健康でいいわよね、わたしのところになんかわざわざ見舞いにきてくれなくてもいいのよ（フンッ）」「医療者が悪いから治らないんだ!」「親の育て方や家庭環境が悪かったから、ろくな人生を歩めなかった…（恨）」「わたしの人生を破壊したあのオトコ、ぜったいに許さない!」等々です。加害者に怒りが向くのは理解できますが、病気や死の場合、他に怒りをむけるところがないので、この攻撃性を医療者や善意の第三者にまで向ける人もおり、残念ながらこうした人はけっこう嫌がられます……。

　わたくしの尊敬する精神科医の一人、神田橋條治先生は、「切実な困難に遭遇し、一生懸命そこを乗り越えようとしている人は、例外なく、攻撃的な怒りっぽいみかけをしている。戦いの意図で攻撃的になっているヒト、と見分けがつかない」［神田橋 1990：230］とおっしゃっています。そして、この怒りや攻撃性をマイナスに捉えたり、それを向ける相手を破壊しようとする意図が本人にあると捉えるのではなく、「切実に困って、しかし打開の意欲を捨てずに懸命に頑張っている姿が、そのまま怒っている心身の状態と同じなのだ」［神田橋 1990：230］と理解するほうがよい、とも書かれています。普通の人は、なかなかここまでの理解はできず、看護師さんは「あの患者さん、怒りっぽいから、あんまりベッドサイドに行きたくないわー」、家族は「家内ががんになって、イライラして怒りよるから、わたしはその的みたいなもんですわ…」と愚痴ったりするのですが、この状態の人に周りの人ができることは基本的に何もなく、

怒りが本当は自分に向けられているのではないことを祈り、また、それだけの
エネルギーがまだその人にあることに感謝しながら、ひたすら怒られることに
耐える、くらいのものです。

## ■螺旋状に進む道

　また、理解が難しいのは、この受容と回復の道は、直線的に進むのではなく、
たいがい行きつ戻りつを繰り返して道が拓けていく、ということです。ですか
ら、もう乗り越えたと思った苦しみのパターンが再度出現し、元にもどったと
思いがっかりする、ということがよくあります。よく知られているのは、「記
念日症候群」といい、災害や事故に遭った人、大事な人を亡くした人が、普段
はもう平気になったと思っていても、災厄の日や、故人の命日、結婚記念日な
どが近づくと、気持ちが沈むようになり身体にも異常が現れる、というもので
す。幻聴や鬱がなくなった、長く断酒や断薬を続けてきたのに何かのきっかけ
でそれがまた出てくるということがあると、周りの人もショックですが、誰よ
りもダメージを受けるのは本人であったりします。心的外傷のケアにおいても
「実際、患者も治療者も共に、もう収まったと思った問題がしつこくまたあら
われるのでうんざりしてしまう」[ハーマン1999：241] と言われています。

　このようなことがあるため、受容や回復について単線・直線的イメージを
持ってしまうことは、支援者や本人にとって危険なことでもあります。ケアに
携わる者の実践知から、ハーマン先生も神田橋先生も、苦しみを生きのびてい
く道は、単線ではなく「螺旋状」に進んでいくと考えたほうがよいと言ってい
ます。このモデルでは、同じ苦しみのパターンがぶり返したとしても、それは、
前と同じ地点に戻ってしまったのではありません。パターンがぶり返すまでに、
人は螺旋階段を一周しており、前とは一階上か下の階段にさしかかっています。
同じに見える苦しみのパターンは、前と同じものではなく、「一つ高い統合性
の水準において回帰した」[ハーマン1999：241] のだと言うこともできます。だと
したら、それは、再発ではなく、進展の表れだと捉えてもいいのかもしれませ

ん。苦しみを生きのびる道は、ながーく緩やかに続く螺旋階段のようなもので
あり、そういう見方ができれば、スリップも、鬱や幻聴の再発も、やっぱり、
「順調、順調」と言うことができます。

## 04 | 仲間とともに、苦しみを生きのびる

### ■当事者同士の語り合いの意味

このように、苦しみを生きのびるということは、つらく、長い道のりであり、
到底ひとりで乗り切れるものではありません。この道行きをやりとげるには、
専門家だけでなく、同じ苦しみを生きのびる仲間とつながることが圧倒的に重
要です。最近では、わたくしの参加しているような、がん患者・家族の会、精
神障害や依存症、虐待などの当事者同士の語り合いや支え合いの重要性が言わ
れています。

当事者同士の語り合いの意義としては、「深い共感と心理的効果、孤独感の
解消」「体験的知識」が得られる、自分の体験が人の支援になることを通じて、
自尊心を取り戻すことができるという「ヘルパー・セラピー原則」などが挙げ
られます。[高橋：2003] また、AAなど、長い歴史を持つ自助グループには、「ア
イデンティティの変容」「洞察の達成」「エンパワーメント」「生きるためのコ
ミュニティ」という意味[Kutz 1997：17-35] もあります。

多くの場合、人は苦しみを被ることによって、「なぜ自分だけこんな目にあ
うのか、だれにもこの苦しみをわかってもらえないのではないか」という孤独
感に苛まれているため、自分は一人ではないと感じられること、自分に起こっ
た出来事やその意味を多くを語らずとも「わかってもらえる」という感じ、否
定や攻撃されることのない安心感などが得られるなかで、少しずつ、自分の経
験を言葉にしていくことができます。

また、苦しみを生きのびるためには、苦しみと付きあうコツや知恵（体験的知
識）のようなものが必要です。生きのび方や付きあい方のコツは、共感できる

ものもあり、また人によって異なるものもありますが、他の人がいろいろ工夫をしているのを聞くと、自分でも工夫してみようかと思えるようになるものです。わたくしが参加する会でも、

> 「考えるのは夜寝る前にしたらあかん、嫌なことばっかり考えるから、考えるなら、朝や」
> 「家に引きこもっていてもしかたがないから、とにかく予定表を埋めて外に出かけたほうがいい」
> 「身体のことは、病院の出口を出たら医者にまかせてもう忘れる。病院の外では、自分ができる毎日の生活のことを考えたほうがいい」
> 「親に命令され、干渉されるのがしんどいから、あえて親に対して他人行儀に接して、仕事やと思うことにしたら気が楽になった[7]」

というような知恵の交換がなされています。また、「ヘルパー・セラピー原則」にもあるように、苦しみのなかにいる人にとって、自分のことばかり考えるのはつらく、助けてもらってばかりなのは情けないので、自分を忘れて他人のことを考えてみるとか、他人に親切にして必要とされていると思えるなどということは、重要な心と身体のリハビリとなります。

### ■べてるの家の「当事者研究」

　最近は、この当事者同士の支え合いの進化形として、北海道の精神障害者の福祉施設・回復の共同体べてるの家で始まった、「当事者研究」というものが注目を集めています。この実践の奥深い味わいについては、それぞれの方が書籍や実践に触れていただくことで知っていただければと思いますが、この「当事者研究」という名前の由来は、「問題や苦労の解決は専門家にお願いしよう」という態度ではなく「問題や苦労の当事者＝専門家は自分であり、自分で自分の苦労を研究してみよう」という姿勢から生まれました。

当事者研究では、「苦労」という言葉がよく使われます。これは、先に述べた苦しみそのものはその人の人生にのしかかる大きな重いかたまりなので、考えやすく、取り組みやすい生活上の小さな「苦労」について話し合ってみよう、という意味で使われています。また、当事者研究でいわれる「当事者」とは、精神障害などの病の当事者のことではなく、すぐに怒りを爆発させてしまう、悲しいことがあったら過食に走ってしまう、などの生活上の「苦労」の「当事者」のことであり、べてるの家の当事者研究の姿勢としては、「人はだれでも苦労の当事者」という考え方が根底にはあります。

　さて、このべてるの家では、「三度の飯よりミーティング」を合言葉に、毎日話し合い、語り合いが行われています。その中の一つとして「当事者研究」という、それぞれの人が自分の苦労について「弱さの情報公開」を行い、苦労と付きあうすべをみんなでわいわいがやがや考えるというセッションがあります。

　当事者研究の知恵は、怒りやストレスを爆発させ、自分や他人を傷つけるような「問題行動」を起こす時も、それはその人なりの「自分の助け方」でもあるのだと明るく考える点です。統合失調症の「幻聴」も、なくすべき「問題」ではなく、「幻聴さん」と付きあう方法を考えればよい、とされています。ただし、これまで苦労の当事者が取ってきた、「自分の助け方」「困りごととの付きあい方」は、自分や他人にとって受け入れられにくい、ヘタクソなものではあります。だから、もっとよい助け方、付きあい方について、みんなでわいわいがやがやアイディアを出して考えよう、というのが当事者研究の目指すところです。べてるの家の当事者研究は、かなりラディカルなものであり、そのやけくそさや逆説・ユーモア度合いは、当事者語り合い界における前衛アートであるとわたくしは思っていますが、それでも、当事者どうしの語り合いの持ついくつかの重要な要素が明確に示されており、学ぶところが大きいです。

　ともあれ、べてるの家の当事者研究のような前衛的活動でも、わたくしがおこなっているようなよくある当事者どうしの語り合いであっても、これらの話し合いのなかで起こっているのは、仲間とのつながりを感じられる環境で、苦

しみや苦労について話し合うことで、つながりと統合性を取り戻して行く、ということだと思われます。

　参加者たちは、仲間というセーフティネットにも支えられながら、自分は苦しみに圧倒され、支配される無力な存在ではなく、それらに対してどう関わるかを決める力がある、という根本的な力の感覚、自己統御感self-controlや主体性initiativeを取り戻していくのです。これが、わたくしたちが苦しみのあとを生きのびることを根本のところで支えてくれる力となります。どんなかたちでも生きのびる毎日はそれで順調だと言えますが、仲間がいれば、その歩みは、より確かに、強く、すこしだけ楽しめるものになります。

## 05 ｜ 表現とユーモア

### ■苦しみを表現するレッスンとしての語り合い

　こうした仲間との話し合いは、つらさを分かち合うだけでなく、時として言葉をつかった表現の創造的な営みでもあります。べてるの家の当事者研究では、統合失調症という診断名ではなく、自分の苦労に「統合"質"調症・難治性月末金欠型」［浦河べてるの家 2005：47］などオリジナルの名前をつけることから始めます。当事者研究や当事者どうしの語り合いのなかでは、それぞれの人が、一風変わった詩人のように、自分の苦しみを表現する、自分なりの文体・語りのスタイルを持つことの練習をしているように見える時があります。

　当事者研究では、参加者が苦しみの表現に注意深く向き合い、自分の言葉を見つけていくなかで「いつも『死にたい』ってよく言っていたけど、それって実は、お腹が空いて疲れてたってことやった、『死にたい』じゃなくて『お腹が空いた』って言えばよかったんやな」と気づく、というようなことが起こります。このように、苦しむ人の苦労は、自分の置かれている状態や苦労を表す適切な言葉を持っていない、ということにも関係します。ですから、当事者研究は「言葉の洗濯（選択）」、「英会話のレッスンのようなもの[8)]」と言われており、自

分の苦労を語るいちばんフィットする言葉や、言葉のバリエーションを学んでいく表現のレッスンでもあります。

　また、苦しみを語ることと、表現との関係にとって重要なのは、表現される自分と表現する自分の間にゆるやかな距離ができるということではないかと、わたくしは思っています。自分の苦労や苦しみを表現しようとするとき、自分＝苦しみ、ではなく、苦しむ自分とそれをすこし離れたところで眺め、表現する自分が必ず生まれています。このことが、苦しむ人にとっては重要な意味を持つのではないか、というのがわたくしの予感です。

　たとえば、大きな交通事故に巻き込まれて身体を鉄の棒で貫かれ生還はしたものの、生涯身体の痛みにつきまとわれたフリーダ・カーロ。フリーダ・カーロは、その痛ましい経験を自画像に練り込み表現することによって、ただ痛む身体であることから離れることができ、自分を眺める位置に立つことができたのではないでしょうか。これは、自分と距離をとるということであると同時に、自分の痛みや苦しみ、苦しむ自分と関わる、もう一人の自分が生まれる、「自分とのつながり、関係」ができる、ということでもあります。この、自分からすこし離れて自分を眺める、そして自分の苦しみを表現するスタイルを持つということが、表現活動・芸術と回復・ケアが深いところで交わる地点のように思われます。

■言葉でゆるやかに自分を眺めること、泣き笑いのユーモア

　自分自身が絵や音楽のような非言語的表現の才能に乏しいため、わたくしの関わっている表現は、主として語り合いのなかの言語表現です。しかし、言語的な表現は、自分と自分との関係（内省）には違いないのですが、言語というメディアの特性なのか、言語的な表現活動は、とかく突き詰めすぎる傾向にあり、タイトすぎるという感じがしています。言葉でじぶんの苦しみを眺め、表現する場合には、いわゆる哲学的思考のように、言葉をタイトに使うのではなく、余韻やゆるみをもたせたほうがよいとわたくしは思っています。最近、哲学対

話の言語表現に限界を感じていたわたくしは、いくつかの偶然から、俳句や川柳という詩的な言語表現と苦しみを表現することをつなぎ合わせる道を見つけました。

　病の苦しみを表現することによって生きのびた、俳人正岡子規は、結核と脊椎カリエスのため、30歳から病床を離れることができず、35歳で亡くなるまで俳句を作りつづけました。その死の床で最後に残した絶筆三句は次のようなものです。

　　糸瓜咲て痰のつまりし仏かな
　　痰一斗糸瓜の水も間にあはず
　　をととひのへちまの水も取らざりき

　死の床で、子規は痰に苦しめられています。現在では、痰吸引などの処置がありますが、この時代には夏に咲く糸瓜の茎から取る水が痰を切るのにかろうじて有効とされていました。死に近づく子規の夏の庭には、この糸瓜が咲いています。一方、死にかけた自分は痰が一斗というくらい溜まって、せっかく咲いた糸瓜の水も間に合いそうにありません。こんなに苦しい状況を子規は、まるで自分のことではないかのように、すこし離れたところから眺めています。瀕死の自分を「仏かな」と恬淡と言い切ります。ここにある、ゆるみやゆとり、からっとした言葉の使い方は、文体ということをはるかに超え、一周回ってその表現のスタイル自体が、死生観や哲学のようなものに近づいています。

　わたくしは、文学や俳諧の専門家ではありませんが、俳句や和歌の芸術性のキモは、自然の風景や風景のなかに含みこまれる自分を「眺める」という点にあるのではないかと感じています。自分を眺めるという感覚は、ある種のユーモアと近いところにあります。喜劇王チャーリー・チャップリンの言葉に「人生は、近くで見ると悲劇だが、遠くから見れば喜劇だ」という言葉があります。これでいうと、ユーモアとは、人生を、近くで見る悲劇でも遠くから見る喜劇

でもなく、そのどっちつかずの、あいだに立って眺める者に生じる泣き笑いなのではないかとわたくしは思います。

　子規ほどのファインアートではありませんが、わたくしも最近はがん患者・家族の会で、哲学散歩や川柳の会を始めました。会が持たれている場所は、京町家のとても居心地がよい場所なのですが、それでもがんについて屋内で一時間も話しているとすこし気持ちが詰まってきます。言葉や身体の動かし方をすこし変え、これまでの語りとはちがう形で自分を表してほしいと思ってのことです。川柳の会で、今までに生まれた作品には、以下のようなものがあります。これらの庶民的なそれぞれの人の泣き笑いの表現の味わいを、わたくしは結構気に入っております。

　　久しぶり　　胸触られる　　五十路かな　　　　　（読み人知らず）

　　モルヒネで　　ロッカーみたいとはしゃぐ君　　　（香里園）

　　がん細胞　　一緒に景色を楽しもう　　　　　　　（秋風すずし）

　　静けさや　　がんにしみいる　　緑かな　　　　　（秋風すずし）

　　がん友の　　顔が浮かぶ　　葉のかたち　　　　　（ちがこ）


## 06 ｜ むすび：苦しみを生きのびる、その先に見える風景

　先にも申しましたように、わたくしはまだ、苦しみを生きのびる旅の途中にあり、苦しみを生きのびた先に見える風景について、語る資格があるかわかりません。ただ、がん患者やDVサバイバーの皆さんとお話しして、生きのびた先人のたたずまいから、いくつか感じ、考えることがありますので、それを書き記してむすびとしたいと思います。

　生きのびることをやりきった人々は、たいてい、少し悲しい、さみしげな笑顔を浮かべています。勝ち誇って生きのこり体験を喧伝する人を、また、乗り

越えたから幸せしかないというように語る人を、わたくしは基本的に信用しません。

　生きていたらいいことがある、と人は言います。しかし、苦しみを生きのびた人が希望や自由を感じるのは、いいことがあるからではありません。家族からの性暴力・虐待を生きのびた、ある当事者は次のように述べています。

　　それからというもの、わたしは自由だと感じている。私は希望を感じる。……躁病とか、ハイではないと思う。悲しいときはちゃんと悲しいし、腹が立つときにはちゃんと腹が立つ。私は、これからの苦しい時についてもいろいろな困難についても現実に即して理解していると思う。だが、私は私自身の持ち主だ。これは確かだ。[ハーマン1999：318]

　ここに述べられているように、生きていたらいいことも、悪いことや困難、悲しいこと、腹が立つこともある、その両方をごく当たり前に、自分が所有する経験として体験できること、それがサバイバーの希望です。そうして、たくさんのいいこと、悪いこと、出会いや別れを経験し、また他の人の喜びや苦しみにも触れ、自分の苦しみが、特別な経験でも、もはや自分を圧倒し、支配した経験でもなく、自分と他の人のたくさんの喜びと苦しみ、出会いと喪失の一つにすぎないと思えるようになります。別の性暴力被害者は次のように言います。

　　私は世界が恐ろしい受難に満ちていることを理解し、これに比べれば、私の幼児期の小さな苦しみなど大海の中に落ちた一滴の雨しずくだとさとった[ハーマン1999：378]

　ハーマンが心的外傷からの回復プロセスとしてあげている再統合とは、自分の苦しみが自分や他人のさまざまな喜び、苦しみの大海の一部にすぎなかったと思えるということ、自分を打ち砕き、圧倒した苦しみが、自分の全てではな

く、わたくしが持ち主であるさまざまな経験の一部にすぎないと感じられるようになる、ということです。

　ですから、回復とは、苦しみを忘れて幸せになることではありません、むしろ、苦しみの強度は弱まるにしても、苦しみがわたしの一部として留まること、苦しみを持ち続けることを、わたくしが自分で選びとることです。

　冒頭に紹介した幾多郎先生は、若い頃から姉や弟を亡くし、また親となってからも幼い娘や愛息子を若い盛りで亡くすという逆縁に見舞われていますが、娘に先立たれるという同じ境遇にあった友人のための文章で、こう書いています。

> 　人は死んだ者はいかにいっても還らぬから、諦めよ、忘れよ、という。しかし、これが親にとっては耐え難き苦痛である。時は凡て（すべて）の傷を癒すというのは自然の恵（めぐみ）であって、一方より見れば大切なことかも知らぬが、一方より見れば人間の不人情である。何とかして忘れたくない、何か記念を残してやりたい、せめて我一生だけは思い出してやりたいというのが親の誠である。・・・おりにふれ物に感じて思い出すのが、せめてもの慰謝である、死者に対しての心づくしである。この悲は苦痛といえば誠に苦痛であろう、しかし、親はこの苦痛の去ることを欲せぬのである。［西田 2004：75］

　世間の人は、大切な人を亡くした家族に対して、時が解決するとか、死んだものは還らぬのだから忘れなさいと言う、けれども、家族の立場からしてみれば、せめて自分の一生の間だけは、どんなに苦痛で悲しくても、亡き家族を忘れず思い出し続けてやりたい、苦しみを去らせたくないと思うものだというのは、おなじく子を亡くした幾多郎先生の当事者としての実感だったのだとわたくしは思います。

　また、死にゆく側の立場では、宗教学者の岸本英夫先生が、『死を見つめる

心』という自身のがん闘病を綴った本のなかで、死という大きな別れの時を見つめ、「自分の心を一杯にしているのは、いまいる人たちに別れを惜しむということであり、自分の生きてきた世界に、後ろ髪を引かれるからこそ、最後まで気が違わないで死んでいけるのではないか」[岸本 1973：33]と、これまた当事者としての実感を述べられています。

　死が、喪失が、暴力や災厄が、自分と大事な人、大事な何かとを分かち、そこでこちらと向こうのつながりは、打ち砕かれたように感じます。けれども、このつながりの喪失を苦しみ抜いた果てに、わたくしたちは、むしろこの耐えがたく思えた苦しみこそが、わたくしと誰か、世界とのつながりが、幻や虚無ではなく確かに在るということを証しするものだったのだと、それがあるから、わたくしたちはどんなに悲しく苦しくても「気が違わないで」生きのびられた、そして死んでもいけるのだと気づくのです。

　それは、幸せな、というより、とても悲しく、さびしい、そして、すこしだけ安らげる気づきです。苦しみを生きのびた人が、すこし悲しい、さびしげな笑顔を浮かべているのはそのせいだとわたくしは思っています。苦しみを生きのびるプロセスで、多くの人は、「こんなにつらいのに、なぜ生きなければならないのか？」と問い、答えを求めて時に見苦しくのたうちまわることでしょう。しかし、このなぜ、に答えを与えることはおそらくできません。けれども、わたくしたちは、こんなに苦しく、悲しいということは、何かとのつながりが「在る」ということの証明でもあると、どこかでわかっているから、そのつながりが在ることを証明するために、苦しみの道をすこしでも長く生きのびようとするのではないでしょうか。それは幻や虚無ではなく、たしかに在った、在る、在りつづける、と言うために。

　　悲嘆か虚無のどちらかを選ばなければならないとき、人はいつも悲嘆のほうを選ぶものだ

というフォークナーの言葉は、苦しむ人間が辿る運命を恐ろしく正確に告げています。[9]

　苦しみを生きのびた果てにあるのは、苦しみのない幸せな人生ではなく、苦しみ/喜び、生/死、つながり/喪失、愛/憎、別離、悲劇/喜劇といった相対するものが両方存在し、それが波のように寄せては返す場所、来る波も返す波もどちらも同じ波であるように、この生の相対する側面がどちらもありと思えること、片方を極めれば片方につながると思えるような場所に至ることなのではないかと思われます。波打ち際に座って静かに寄せ去る波を眺めている人もいれば、海の底から上のほうで動く水の動きを見ている人もいるでしょう。海に船を出し、波が作り出す苛烈な渦に魅入られて還らない人もいます。しかし、どこに立っていようと、この時、わたくしたちが眺めているのは、「在るということ」そのものの往還する動きであり、相対し矛盾する姿であります。

　元祖悲哀系哲学者の幾多郎先生の詠んだ歌に、次のようなものがあります。

　　我が心深き淵あり喜（よろこび）も憂（うれひ）の波もとゞかじと思ふ[10]

海という存在の神秘を愛した幾多郎先生は、苦しみの果てにたどり着いた心の深い淵の底で、トレードマークの度の強い丸メガネを通して、この存在の矛盾とその往還を静かに眺めておられるのです。

水中からまなざす幾多郎

■文献

・ Cassell, Eric J. , 2004, *The Nature of Suffering and the Goals of Medicine*, 2nd Edition,Oxford University Press.
・ Herman, Judith L. , 1992, *Trauma and Recovery：The Aftermass of Violence -From Domestic Abuse To Political Terror*, Basic Books. (＝中井久夫訳, 1999,『心的外傷と回復』〈増補版〉,みすず書房.)
・ 神田橋條治, 1990,『精神療法面接のコツ』,岩崎学術出版社.
・ 岸本英夫, 1973,『死を見つめる心　ガンとたたかった十年間』,講談社文庫.
・ Kleinman, Arthur, Das, Veena, Lock, Margaret M., 1997, *Social Suffering,* University of California Press. (＝坂川雅子訳,2011,『他者の苦しみへの責任　ソーシャル・サファリングを知る』,みすず書房.)
・ Kübler-Ross E., 1969, *Death and Dying,* Routledge. (＝鈴木晶訳, 1998,『死ぬ瞬間：死とその過程について』,中公文庫.)
・ 熊谷晋一郎・國分功一郎,2017,「対談　来るべき当事者研究　当事者研究の未来と中動態の世界」, 熊谷晋一郎編,『みんなの当事者研究』金剛出版.
・ Kurtz, L.F., 1997, *Self-Help and Support group,* SAGE Publications,California.
・ 浦河べてるの家, 2005『べてるの家の「当事者研究」』医学書院.
・ 宮本有紀, 2016,「第5章　リカバリーと精神科地域ケア」, 石原考二・河野哲也・向谷地生良（編）,『精神医学と当事者』,東京大学出版会.
・ 西田幾多郎, 2002,「場所の自己限定としての意識作用」,『西田幾多郎全集 第五巻』, 岩波書店.
・ 西田幾多郎,2004,「我が子の死」,『西田幾多郎随筆集』, 岩波書店.
・ 西田幾多郎, 2009,『西田幾多郎歌集』,岩波書店.
・ 高橋　都, 2003,「がん患者とセルフヘルプ・グループ－当事者が主体となるグループの効用と課題－」,『ターミナルケア』,13(5).
・ 竹内整一, 2009,『「かなしみ」の哲学　日本精神史の源をさぐる』, NHK Books.
・ 鷲田清一, 1999,『「聴く」ことの力：臨床哲学試論』, TBS ブリタニカ.

■注

1) 「回復の12ステップ」とありますが、この12ステップの元々の使われ方は、こうすれば回復しますよという手引きではなく、依存症の人たちが仲間たちとシェアし、集まりのたびに読み上げる祈りのようなものです。
2) 現在では、アルコール医療やトラウマ治療という専門家も存在しますが、アルコール依存や心的外傷という問題や病識の存在自体が、当事者の気づきや訴えからもたらされたものであり、これらの問題には、薬物投与など専門家が用いる手段が基本的には無効であるといわれています。また、筆者の基本的な見解は、多くの依存症や精神障害は、心の「病気」というよりも、あるトラウマティックな出来事、苦しみのあとを生きのびる一つの仕方なのではないかというものです。
3) 後で述べるように、苦しみのパターンの再発（依存症でいうスリップや鬱などがぶりかえすこと）に、自分は回復できていなかったんだとがっかりするのはなによりも当事者です。
4) 1998年のWHO執行理事会において、健康の定義を "Health is a dynamic state of complete physical, mental, spiritual and social well-being and not merely the absence of disease and infirmity" とすることが提案されたことによります。また、今回の文章では、スピリチュアルな象限については触れられていませんが、筆者は、この象限は「超越的なものや生の意味とのつながり」のことであり、これだけが特別な次元であるというより、他の三つの象限の存在条件が満たされることによってある程度充足されるものではないかと考えています。
5) 命が懸かっている治療をあえて拒否しこれまでと同じ生活を続けたいと願う場合や、共依存であるようにみえる家族と一緒にいることを選ぶ場合など、第三者から見るとなぜ？と思えるような選択でも、そうすることによって守りたい、命よりも大切な何かがあるという場合も考えられます（大阪大学の小西真理子さんの指摘による）。
6) あとで紹介する、べてるの家の知恵の言葉です。
7) がん患者・家族、生きづらさを抱える女性たちの語り合いから声をお借りしました。
8) ダルク女性ハウスで薬物依存やアルコール依存の女性たちとの当事者研究、話し合いを続けている上岡陽江さんの言葉。［熊谷・國分 2017：25］で紹介されている。
9) この引用も含め、この数段落の文章および見解は、竹内整一『「かなしみ」の哲学　日本精神史の源をさぐる』に多くを拠っています。
10) 西田幾多郎が大正二年二月に作った歌［西田 2009：25］。

高橋綾（たかはし あや）
1976(昭和51)年愛媛県生まれ。大阪大学大学院文学研究科博士後期課程修了（文学博士）。大阪大学ＣＯデザインセンター特任講師。小、中、高校や美術館などでこどもや十代の若者対象の哲学対話を行なっているほか、医療やケア、対人援助や地域づくりの現場において、対話を通じて実践コミュニティの形成に取り組んでいる

# 4

## 「いろいろなことがあるけれど、すべて私の人生」
## と思えるように——トラウマインフォームドケア

田口奈緒　　（兵庫県立尼崎総合医療センター　産婦人科医師）
高濱浩子　　（画家）

聞き手：
後安美紀・中島香織　（アートミーツケア学会事務局　一般財団法人たんぽぽの家）
中川真　　（大阪市立大学都市研究プラザ特任教授）

## 01 ｜ 辛かった気持ちをだす場所

田口：兵庫県立尼崎総合医療センターでは、2018年6月よりトラウマイン
　　　フォームドケア（以下TIC）プログラムを行っています[1]。このプログラムの
　　　目的は、言葉によるカウンセリングではなく、ヨガやアート、音楽で楽
　　　しみながら心とからだをトラウマから癒すこと。参加者は主に産婦人科、
　　　小児科に入院中・通院中の患者さんや「がん支援サロン」参加者などで、
　　　この1年間で延べ87人の方にご参加頂きました[2]。そこで、絵のプログ
　　　ラムをファシリテートしているのが、高濱浩子さんです。

高濱：絵を一緒に描いているんです。描き終わったら声かけてくださいって伝
　　　えて。で、描き終わったら、こんな感じって見せ合って、それに対して
　　　何を思うかとか、描く前と描いた後でどんな心の変化があったかとかお
　　　話します。
　　　3回1クールで、約1週間おきに行っているので、「この1週間何かあり
　　　ましたか？　どんな感じでした？」っていう雑談もします。そこでいろ

んな話が出て来たり、描いている最中にああーって話が出て来たり。話す内容がやっぱり絵とともに変化していくんですよね。

田口：プログラムを受ける人の中には、シビアな状態の人もたくさんいます。ここは大きい病院なので、例えば、切迫早産で入院したけれども産まれてくる赤ちゃんは長く生きられないって最初からわかっている人や、赤ちゃんを亡くしてしまった人や……。そういうトラウマティックな体験をしている人がたくさんいる。赤ちゃんが亡くなっても、次の日、普通に退院していくんです。トラウマティックな体験を共有することもなく、心のケアをすることもなく、辛い気持ちを出す場もなくバタバタと退院していく。そういう人が多い中で、立ち止まってもう少し「辛かった」っていう気持ちを出す場があった方がいいんじゃないかという思いがあった。それで始めたんです。

患者さんだけじゃなく、私たち医療スタッフも、トラウマティックな患者さんを見る中で、傷ついていて。例えば自分の受け持っていた患者さんが自殺しちゃったという時でも、次の日は普通に勤務をする。しんどかった気持ちを誰かに言ったりすることはできない。高度先進医療と多忙の中で、一回一回泣いていると、もう次の仕事ができないので、悲しみやしんどさや、自分の気持ちを感じるっていうことに、蓋をしてしまう。そういう問題を、医療スタッフは抱えている。スタッフの入れ替わりもけっこうあります。なので、スタッフにもプログラムを受けてもらいたいと考えていました。でも実際は、なかなか難しいですね。まず時間をとってもらえない。夕方5時半まで勤務で、それから残ってくださいというと、超過勤務のお金を払わないといけないし。じゃあ自分の希望で残ってくださいというと、早く帰りたいっていう。ただ個人的にはそういうメンタルケアも含めての病院勤務っていうかね。そういうことをプログラムにして入れないと、本当の意味でいいケアはできないんじゃないかなと思います。

——TICについて詳しく教えていただけますか？

田口：TICとは、「トラウマの影響を十分理解した配慮あるかかわり」のことです。

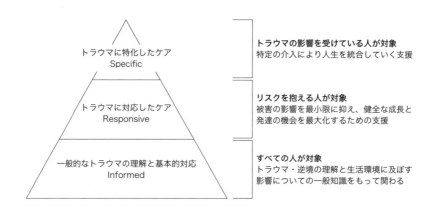

トラウマに特化したケア
Specific

トラウマの影響を受けている人が対象
特定の介入により人生を統合していく支援

トラウマに対応したケア
Responsive

リスクを抱える人が対象
被害の影響を最小限に抑え、健全な成長と
発達の機会を最大化するための支援

一般的なトラウマの理解と基本的対応
Informed

すべての人が対象
トラウマ・逆境の理解と生活環境に及ぼす
影響についての一般知識をもって関わる

　こういう図があるんですが、この三角の一番上のところが、トラウマスペシフィックケア。トラウマがあることをみんながわかっていて、治療が必要というところ。例えば、産婦人科だったら、赤ちゃんが亡くなった人とか、赤ちゃんに重篤な障害があるって診断されてすごくショックを受けている人っていうのは、この三角では一番上にあたる。トラウマインフォームドケア（TIC）は、この三角の下、ベースのところにあたります。まだトラウマがあるかわからないけれども、トラウマのことをみんなが知識として知っていて対応する。

　妊婦健診を受けている人の中には、実は上のお子さんが妊娠中に亡くなったとか、そういう経験をお持ちのご家族もいます。だから、まだ表明していないけれど、もしかしたらそういうトラウマを持っているかもしれない、と想定して対応するんですね。例えば診察で赤ちゃんの心拍が確認できなかった時どうするか。いきなり「あなたの赤ちゃん亡くなっていますよ」って言うんじゃなくて、「今日はお一人で来られましたか？　誰かとご一緒ですか？　今ちょっと赤ちゃんの心音が確認しに

くいんですけど、もしかしたらっていうことがあるので、次回誰かと一緒に来ていただけますか?」というようにワンクッションおいて、一人で全部背負わせない。トラウマインフォームドでない対応っていうのは、赤ちゃんの心拍がないってわかったら、「あ、もう赤ちゃん亡くなっていますね。残念ですね」っていうのをパソコンの画面を見ながら言うとか、一例ですけれどもそういう風に考えていただくといいと思います。

TICは、いわゆるポピュレーションアプローチ。公衆衛生みたいなもので、さっきの三角の図でいうと、一番下の方に対するアプローチです。例えば、手洗いをしましょうっていうのは、ポピュレーションアプローチ。病気を持っているか持っていないかにかかわらず、みんながすることによって、疾患を減らしていきましょうということですね。それと同じように、TICは、人は多かれ少なかれトラウマティックな体験を持っているとして接するという意味で、ポピュレーションアプローチですね。すごく傷ついて、しんどい人がカウンセリングのように受けるというものではない。トラウマスペシフィックケア、すなわちトラウマを治療するためのものではないです。

誰しもが、しんどい思いやトラウマを持っているというところからスタートする。実際に、ヨガやりたいとかアートやりたいと言った人と話をしているうちに、実はその人も辛い経験とか悲しい気持ちがあったということはあります。聞いてみたら、そういうことが何もない人って、ほぼいません。今までひとつもトラウマの経験がないっていう人はいないんじゃないかな。みんな何かしら傷があって当たり前なんですよね。

## 02 | ケアには限界がない

田口:医療って万全じゃないですよね。手を尽くしても、亡くなる赤ちゃんもお母さんもいます。全部がハッピーエンドではない中で、医療者も傷

つく。そんな中で赤ちゃんが亡くなったあとも、そのお母さんに関わる。ケアってキュア（治療）とはちがって、終わりがないんです。医療は限界があるけど、ケアには限界がないっていうところで、たとえ医療が終わったあともできることがあるんではないかなと。そういうケアとキュアの違いっていうところでTICに興味を持ちました。

また、これまで性暴力被害者支援の活動もしてきたので、トラウマということにはすごく興味があって。性暴力とトラウマは切り離せないものなので。最初に勤務した病院で、性被害の人たちにたくさん会ったんです。妊娠したけれど産めないという人がたくさんいて。事情を聞くと、実は性被害にあっていた。性暴力被害というのは産婦人科の中では端っこ的なポジションなんだけど、例えば更年期障害ですごくしんどい思いをしている人に話をよくよく聞いてみると、性被害にあっていたということもあります。お産の時にすごく怖がっている人にも、話を聞いていると「実は……」という体験があったり。昔あったことを40年も50年も経ってやっと言えましたっていう人がたくさんいました。トラウマが更年期とか生理痛とか、いろんな症状になって出てくることがある。その時に重要なのは、安全な場、"セーフスペース"なんですよ。話してもいいんだ、安全な場だっていうことが感じられたらどんどん話してくれる。聞くアンテナってすごく大事で、そこで腹を割って話すと、次から本当に綺麗に症状が消えていきます。

今やっているアートやヨガのプログラムについても、大事なのは安全な場、"セーフスペース"だと思っています。私はもともとアートに関心があったわけではないんです。でも、2011年にオーストラリアの精神科医から、アートとトラウマについての話を聞く機会があって。精神科の患者さんや、山火事にあった子どもたちとのアート活動について知ったんですね。それで「これだ！」と思いました。性暴力にあった人は自分の身に起きたことをなかなか言語化できない。でも、ヨーガやアー

トを一緒にやったりして、カウンセリングとは違うんだけれど、気持ちを出すことはできるんじゃないかなと。

## 03 │ 絵を描くことで体験を整理する

高濱：これは、産後にアートプログラムを受けた人の絵です。生まれた赤ちゃんと一緒に来ていました。最初はこの絵を描かれたんですよ。

　「主人が沖縄出身なんです。今は太陽と海の世界に早く戻りたいんです」って、宮古島に行きたいという話で終わりました。

　2回目はこれなんです。
　「これ、なんですか?」って聞いたら、真ん中の円が赤ちゃんで、その隣の図形は自分だって教えてくれました。反対側の図形は旦那さん、自分の両隣の図形は、お父さんとお母さん。旦那さんのほうにもお父さんとお母さんが描かれていて。「先祖との血の繋がりがあって、その真ん中に子どもがいるんです」と言って、子どもの話をしはじめたんです。

3回目がこれです。

2回目は赤ちゃん中心だった
のが、今度はもっと自分の世界
に入っていくんです。全体を囲
む黄色い線を指して、「私なんで
す。丸が、主人と赤ちゃんと両親
です」って話す。それで、他の小
さな丸は何か聞いてみると、「私、
小学校の先生していたんです。今
は産休で休んでいますけど。そ
の時に可愛かった子どもたちで
す」って。やっと自分中心になっ
てくるわけです。だんだんと、自
分の話になっていくわけですね。

4回目はこうなりました。

後で振り返ったら、彼女はこの
絵を描いた時の記憶がないらし
いんですよ。この絵を描いた頃、旦
那さんが詐欺被害にあってしまっ
て、弁護士に相談に行ったりして
いた時期なんです。

そこから1、2週間経って、こ
ういう絵を描きます。

「この青リンゴと赤リンゴどっちが美味しそうですか」って、彼女から聞かれたんです。「うーん。どっちでしょうね」みたいな返事をしたら、「こっちが美味しそうに見えるけど、毒林檎です。不味そうに見えるけど、こっちのほうが美味しいんです。黄色が少しあるじゃないですか。これが私の姿。私の少しだけ残っている優しさであったり、いい部分なんです」って話していました。そこから、自分の気持ちとか、心の中のことにどんどんどんどん入っていくんですね。

最後はこれです。

ちょうど、ニュースでブラックホールの話題があって、それが気になると描いてるんですけど。中心に自分の好きなブルーを入れている。

──ここまで来る間に、彼女自身に色々な変化が起こっているんですね。

高濱：彼女は、初期の頃、毒ノートっていうのをつけていたっていうんです。吐き出すためのきついことをひたすらノートに書いていた。でも途中で、「実は私、途中から褒めノートも書くようになったんです」と言っていて。

毒ノートばかり書いていたら自分がしんどくなってきたことに、絵を描いているうちに気づいたそうです。それで、「両方書いていたんだけど、だんだん褒めノートの方が増えてるんですよ」って言い始めて。最後の回で、描き終わった頃には、毒ノートを書くことは、やめていました。「最近、言葉は書かないで、言葉にならない気持ちを色で描き始めたんですよ。言葉にはできないこと、いっぱいあるんですよね」と話していましたね。それからは、自分を取り巻く環境をちょっと落ち着いて見ることができるようになってきたと教えてくれました。この人は、全部で6回で終わり。

田口：3回1クールですが、3回やってもなかなか気持ちが出て来なかったりとか、もっと続けたいと思われたら6回やります。最長で6回ですね。

高濱：絵を一緒に描いていて感じるのは、やっているうちに、だんだん自分を客観視するようになるということです。最初は、自分の負った傷なんて見ないフリをしているんだけど、絵に出して、しゃべってみることで、何かちょっと整理できているのかもしれない。そう感じられる人もいます。外在化っていうのかな。外に自分を置いて見るようになる。それは絵の良さだと思います。


　——絵を描くときに患者さんのパートナーが関わることもあるんでしょうか？

田口：パートナーとのことで言うと、何か出来事が起きた時に、それまでの関係性が、いい面でも悪い面でも出ます。それまでいい関係性だったら、何か大変な出来事が起こったとしても、一緒に頑張れる。アートを一緒にすることによって「こんな風に考えていたの？」「こんな絵を描くんや」っていう風に、何かひとつのことを一緒に作業することで絆が強くなる。

高濱：そういうことはありますね。パートナーが描く絵を初めて見たとか。絵を見ながら話したら「そんな風に思ってたの!?」ということもあります。

例えば、奥さんが入院している人が「自分は結局、何も助けてあげられないと思っているんです」と言うと、奥さんは、「え。そんなことを毎日思っていたの?」って。そういう会話があったりします。

田口：アートはあくまで道具であって、それをきっかけに、お互いの思いや考えを出しやすくなるという面はあります。そこから、今まであったことが露呈していってクリアになる。自覚するっていうんでしょうか。こんな風に夫は思ってたんやって自覚させる部分はあるかもしれない。パートナーとの関係性に気づいたとして、その後、変えていくかどうかは別問題ですけれども。

## 04 ｜ 対等な立場で受けとめる

田口：医療者にとっても、トラウマはあって当たり前です。目の前で小さい赤ちゃんが亡くなっていったら、もちろんお母さんや家族は取り乱すけれど、医療者も普通であるわけがない。でもその隣の部屋で赤ちゃんが生まれたら今度は「おめでとうございます!」って言って、接しているんです。人間として考えるとちょっと異常とも言えるかもしれませんけど、ずっとそれを強いられている。その場では「赤ちゃんが亡くなって本当に残念だったね」っていう気持ちがあるのに、一緒に悼むっていうことも、なかなかできていない。

　「医療者は患者さんに何があっても傷つかない」「ここで泣いてはいけない」という風に、医療者自身が思い込んでいることもあると思うんです。だからそれをもっと人間らしいところに戻してゆく。もちろん患者さんの前で動揺して泣いていたら、さすがに患者さんが不安になってしまうかもしれないけど。でも自分のしんどい気持ちをどこかで出す場がないと、こうした仕事を続けることは難しいんじゃないかなって感じています。

人間相手なので医療者自身もいろんな感情を受けている。それこそ受容と回復じゃないですけど……。起こったことを受容して、自分も回復していかないと、どこかが壊れちゃいますよね。だから、出来事に向き合えるような時間をあえて持ちましょうって言いたくて。病院の回復というか人間性の回復をはかりたいから。自分の気持ちに蓋をしながら仕事をすることもできますけれど、それでいいのかなって思うんです。もちろん一人の患者さんにたくさん時間を使うことは難しいんですけど、人間らしくない機械をつくる工場になってしまってはいけない。多分、そうした部分は患者さんにも伝わると思います。

　TICの肝って、"セーフスペース"、つまり安全な場所なんですね。病院って、あまり安全な場所とは言い難い。だからこそ安全な場所を患者さんもスタッフも病院全体として作っていこうと。TIC は病気があることがダメなことではなくて、病気によって出てくるさまざまな気持ちを受け止める場。今、そういう場が病院から失われてしまっていると思うんです。「病気になりました。じゃあ治療しましょう」と。例えば産婦人科だと、赤ちゃんの具合が悪いから緊急帝王切開をすることがあります。お腹を切って赤ちゃんが出てきて、元気だったからよかったね、となるんですけれども。でも緊急帝王切開になった時の気持ちとか、赤ちゃんが大丈夫だろうかという気持ちとか、そういったものを出す場が全然なくって。それに蓋をしたままだと、やっぱり育児に影響があったり、次のお産の時にそのトラウマが蘇ってきたりすることがあります。だから一緒にトラウマを出していく場が必要で、そういう場を経由して、人間は回復に向かうのではないかと思います。

——その"安全な場所"をつくる条件とは何でしょうか。

田口："安全な場所"には概念的に安全な場所と、現実的に安全な場所の、二つがあります。現実的な場所としては、場所、曜日、時間、それから関

わる人をできるだけ同じシチュエーションでやることを意識しています。

高濱：例えば最初に話しかける言葉を一緒にすることで、ちょっと安心するかなと思います。

田口：もう一つ、概念的に安全な場所というのは、「何を言っても大丈夫な場所」だと考えています。だから、批評や評価をしないことを意識していますね。ついつい、アドバイスとか「頑張っていますね」みたいに言いたくなっちゃうんだけど、なるべくしないようにしています。その場所では何を言ってもいいし、私たちはそれに対してフリーでいるっていうことが安全につながるかなと。

高濱：絵についても、私が「すごく上手ですね」とか「いいですね」って言ってしまうと、私がいいって言ったからこれでいいんやとか、こう描こうとかって思われてしまうことがある。だから「私、それ、空に見えます」とか「これに感動します」とか自分の感想は言うんですけど、上手とは言わない。思わず「わあ、すごい上手！」とか言いそうになるんですけど(笑)、抑えて違う言葉に置き換えるようにしています。

田口：患者さんが涙を流されることもある。それに対しても本当に淡々と、粛々と、「辛いですよね」と応えます。一緒に悲しそうになってしまうと、やっぱりこちらもしんどいですしね。でもそういう気持ちを出す、余韻を味わう、というか。

　　　ついつい医療者は「よくあることですよ」と、上下関係の中で治療やカウンセリングをしてしまいがちです。そうではなくて、対等な立場で、ただ受けとめる。そこは黒子でいいと思うんですよ。ただいるだけ、気配なんだけど、いないよりは誰かがいて聞いているという。

## 05 ｜ 癒しでも治療でもなく

高濱：私は絵画療法や、セラピストの勉強や教育を受けたことがありません。

だから、こういう絵を描いたらこういう心理状態だ、みたいなことはわからない。私の心構えとしては"ただ一緒にいる人"ですね。

実はこれまで何回も、私じゃなくてセラピストのほうがいいんじゃないか聞いたんですよ。でも、田口さんから「普通に人として一緒にいるってことなんです」っていう話を聞いて。私は病院で何かするということには自信が全然ないけど、人と人として一緒にいることはできる。それが今に繋がっています。

田口：ここでやっていることは、セラピーとはちょっと違うと思います。セラピーは障害や病気がある状態を正常からの逸脱とみて、正常に戻していこうとするものだと思います。ここでは、そういう明確な目的を持っていない。"癒し"でもないし、"治療"でもなくって。そこの中間なのかな。

　だから楽しくなかったら楽しくないでいい。誰かと一緒に何かをする時間を持つことが大事で。でも同時に、それを選択しないというのもすごく大事なんです。病院って、選択権がない場所なんですよね。「点滴、採血しますよ」と言われて、「嫌だ！」ってあまり言わないでしょ。治療を拒否する権利はあまりない。でもアートの時間は、やりたかったらどうぞ、やりたくなかったらいいですよ、と言っている。人間として本来だったらあるべき選択権、自己決定権がここの場だけでもあるんです。病院に外の人の風を入れることで、患者さんが癒されることもあるように思います。ずっと入院していると、「お腹の張りないですか？」「出血はないですか？」「赤ちゃんよく動いていますか？」って、そんな質問ばかりされる。「最近どんな映画見ました？」なんていう話は、あまりしない。家にいたらそんなに気にならないお腹の張りとか赤ちゃんの動きとかも、病気の話ばかりをしているうちにすごく気になるようになってしまう。特に夜がしんどいんですよ。何も情報が入ってこない中で、遠くからお産の叫び声が聞こえてきたりして。「私はどうなっていくんだろ

う?」と感じられることもあると思います。さらに、点滴の副作用でしんどくて、呼吸が浅くなったり、ドキドキしたり……。そういう状態にある人たちが、ヨガやアートをする時だけは、病気から離れて無心に絵を描くとか、呼吸に集中することができるんです。そこでようやく「患者」とか「病人」じゃなくって「○○さん」という人間に帰れるんじゃないかな。


——もし理想的なチームがあるとしたら、どういう人がいるといいのでしょうか?

田口：実際にファシリテートする人は、アーティストやヨーガ療法士、音楽療法士の人がいます。そういった専門の人たちに加えて、見守ってくれる人がいるといいと思います。患者さんのトラウマやメンタルにも少し専門的な知識のある人がいると安心ですね。

　プログラムは、受ける人とファシリテートする人が一対一にならないようにアシスタントを入れています。以前の勤務先では、「からだ相談室」というカウンセリング外来をしていて、一対一で話を聞いていました。やっぱり一対一になると、いろんな思いが出てきた時に圧倒されちゃうんですよ。その時の経験から、見守り役の人を入れるようにしています。また、プログラム内での話は、守秘義務があるから人には言えません。だからアシスタントと一緒に共有するというシステムにしています。アシスタントの人にも、基本的には一緒に描いてもらっています。

　また、精神科との連携は非常に大事です。これまでにも、鬱や解離症状の強い人とプログラムをした時は、精神科の先生にバックアップをお願いしました。そして、何より必要なのはスタッフの理解。例えば、プログラムが終わった後に「どうだった?」と患者さんに聞いて、フィードバックをもらえるような看護師がいるといいですね。とはいえ、まだそこは不十分で。やっぱり病院は忙しいので、こういうプログラムまで手

が回らない。「はい。患者さんを送り届けました」というだけになってしまう。患者さんの絵を見たら、その時はすこし心が動いても、すぐに自分の業務で手一杯になって、優先順位が下がってしまう。希望的にいうと、スタッフからこのプログラムに一緒に参加したいという人が出てくるといいなと思っています。あと、そのプログラムを回していく人や、病院と交渉する裏方的な人も必要ですね。

高濱：アーティストとしての視点から言うと、医療の中でアートをする上では、コーディネーターがいてくれると動きやすいです。今は、私が直接患者さんとやりとりをしています。アシスタントの方の調整からプログラムの実施までやっています。でも、医療現場でのアートが日本全国で当たり前のようになってきて、間に入ってコーディネートする人がいるようになれば、いろんな可能性が出てくると思います。どんな部屋を使うか、どんな画材を使うかっていうことも、もっと色々考えられるかもしれない。もっと人にも社会にも伝えることができるんじゃないかな。

## 06 ｜ プログラムを受けた人の、その後

田口：病院って基本的に、退院したら終わりなので、プログラムを受けた人の、その後というのはわからないんです。お子さんを亡くされたり、本当にシビアな状態だった人に電話した時に「アートプログラムはどうでしたか？」「すごくよかったです！」といった会話になることはあります。でも、それ以上そのことに触れていいのかは、こちらも躊躇しますね。次に妊娠されて病院にまた来たとしても、過去の経験に触れていいのかためらうところはあります。ただ、死産とか流産というのは、本当にすごく辛い経験になっていて、次のお子さんを妊娠された時に、思い出して泣いたりされる人もいるので、どこかで話をしたり、処理をしていく、気持ちに折り合いをつけていくのは大事だと思います。

高濱：私がアートプログラムの中で気をつけているのは、この人とは3回で終わりかもしれない。1回で終わりかもしれない。そう思って最初からおつきあいをしているので、その1回の中で、ちょっとでもその人が安心する感覚っていうんでしょうか。何かしら自分へのギフトみたいなものを持って帰って欲しいと思っています。

　患者さんの中に種まきを少しでもできたらいいなという思いがあるんです。その時は気がつかないかもしれないけれど、プログラムが終わった後に患者さんの中でなんとなく楽になったり、一人じゃないんだって思ってもらえたり。ちょっと気分転換に絵でも描いてみるかとか、その人なりにアレンジしたり、生きるための救いが少しでもできたらいいなあと思って、おつきあいしています。だからこそ患者さんの言葉に対して、「その考え方素敵ですね」とか、「○○さんの描くその色、私すごく好きやわ」とか、思ったことをちゃんと伝えます。何かギフトを持って帰ってもらいたいなと思って。

——TICにおいて、回復とはどういうことだと思いますか？

田口：自分が受けた経験も、「これも自分の大事な宝物なんだな」って思ってもらうこと。

　トラウマって、トラウマ自体は悪いことではないんですけど、それによって患者さん自身が自分のことを責めてしまうことがあります。「なんでこんな病気になっちゃったんだろう」とか、「赤ちゃんが障がいを持って生まれてきたのは自分のせいだ」とか。そんなふうに自分を責めたりせず、もうそれはそれなんだと。大出血したとか、思ったようなお産じゃなかった、というようなことがあったとしても、です。赤ちゃんが亡くなったこと自体は大変なことだったけど、それも含めて自分の人生なんだって思えることかな。いろいろなことがあるけれど、すべて私の人生って。キャンサーギフト[4]っていう言葉があるように、ガンになっ

て気づくことってありますよね。そんなイメージです。

　すぐにそんな風に思えるわけじゃないけど、絵を描いたりヨガで瞑想したりすることによって、あるがまま、これでいいんだって思えてくる。病院としては、そう思ってもらえるような場にしたいです。

回復って元の時点に戻ることではないですよね。どちらかというと回復よりは成長だと思っています。トラウマによって自分が違う次元に行く。なかったことにはできないし、一般的に見たらよくないことかもしれない。でも、自分の人生にとっては、ないよりあったほうがいいと思えるようになるよう、私たちはお手伝いをしたいですね。それを思うのはご自身なので。

(2020年7月15日)

■注
1) 国立研究開発法人 科学技術振興機構 RISTEX(社会技術研究開発センター)の「安全な暮らしをつくる新しい公私空間の構築」領域「トラウマへの気づきを高める"人-地域-社会"によるケアシステムの構築」調査研究事業(2017-2020年度)の一貫として行っている。
2) 兵庫県立尼崎総合医療センター発行　あまが咲だより 2020年3月号(70号)より。
3) 田口さんは、2013年に特定非営利活動法人 性暴力被害者支援センター・ひょうごを設立し、理事長を務めている。
4) Cancer gift(キャンサーギフト)。直訳は、がんからの贈り物。がんを経験したからこそ得られるものという意味で用いられる。

**田口奈緒 (たぐち なお)**
神戸市出身。平成7年信州大学医学部卒業、神戸大学医学部産科婦人科学教室入局。博士論文は「インドネシア スラバヤにおける妊産婦死亡調査」。ライフワークは「在日外国人の母子保健」「性教育」「性暴力被害者支援」。平成25年に兵庫県で初めて性暴力被害に特化したワンストップ支援センター NPO法人性暴力被害者支援センター・ひょうごが開設され代表理事を務める。

**高濱浩子 (たかはま ひろこ)**
画家。1969年神戸生まれ。嵯峨美術短期大学日本画コース卒業後、様式にこだわらず絵を描き続ける。Visva Bharati University留学、インド農村部で命とアートについて考える。日々、空を仰ぎ、海を眺め、土を触り、時々旅に出ては文を記す。2018年度から「トラウマへの気づきを高める"人・地域・社会"によるケアシステムの構築」プロジェクトに参加。兵庫県立尼崎総合医療センター TICプログラム「アートの時間」担当。こころアート表現★プロジェクト「トラウマ展〜みてないことへの寄り道〜」ファシリテーター担当。ほか様々な分野でワークショップを行う。

# 「だから」と「それから」
## ――K復興住宅のミノルさんのこと

高原耕平（人と防災未来センター研究員）

　阪神・淡路大震災ではおよそ25万棟の家屋が全半壊・全焼し、住まいを失ったひとのために兵庫県や神戸市など被災自治体が公営住宅を新たに建設しました。被害がとりわけ激甚な災害では公営住宅の建設に国から補助金が交付される決まりとなっており、それにより建設された公営住宅が復興住宅（災害復興住宅、復興公営住宅とも）と呼ばれます。この震災では1万6千戸の復興住宅が新たに建設され、また特定優良賃貸住宅や公社による供給分を含めると合計で4万戸を超える住宅が行政により揃えられました。

　本稿の語り手（たち）が住むX市営K住宅もそうした復興住宅のひとつです。復興住宅という存在（自分がそこに住んでいること）は、かれらの物語にとって、主要なテーマではないけれども、物語の背景であり、あるいは「物語る」ということそのものを支えている土台です。K住宅にわたしが通うようになったのは東日本大震災から3年が経ったころです。阪神・淡路大震災からは20年が経とうとしていました。思い出すのは友達の家のそばの狭い公園や、地元の中学校のグラウンドに仮設住宅が並んでいたことです。そうした仮設住宅は生活の視界からいつのまにか消えていました。そこに誰が住んでいたのか、どこへ移り

住んだのか、なにも知らないままでした。知らないままであるのは善くないことなんじゃないかという気持ちがうっすらとありましたが、他方で「所詮は他人事」という感覚のほうが大きかった。復興住宅が建ち始めている、「なので」大丈夫なんだという説明をいつのまにか受け入れていました。

　ところが東日本大震災で自分のなかの「だから」「なので」がかみ合わなくなりました。いくつかの偶然と出会いを経てＫ住宅を訪れることになりました。するとそこにいたのは、共益費をめぐって派閥争いを繰り広げていたり、じんわりひなたぼっこをしていたり、草むしりをしていたりする住民さんたちでした。報道が取り上げるような高齢化や閉じこもりや孤独死はＫ住宅にも現実の問題として存在します。けれども、それが住宅のすべてではないのです。助け合ったり、閉じこもったり、ケンカしたりしながら、ともかくも生きているすがた。それに触れているうちに、「なので」とは別の納得がじぶんの心身に沈殿していったようにおもいます。それは住民さんたちのこれまでの生活のつみかさねが伝わった結果なのかもしれません。

住民さんたちにとって、復興住宅は復興の終着点であるというより出発点でありました。ここに引っ越してきて10年くらい経ったころようやく一息ついたと感じることができた、と言う住民さんがいます。このあとに紹介するミノルさんが避難所で悪化させたアルコール依存症から脱出したのも、K住宅に入居して10年ほど後のことでした。住民さんたちには復興住宅での生活そのものが被災からの回復の過程であったと言えます。復興住宅に入居する前からかれらはいろいろな動揺を生活のなかに抱えていました。自分や家族の病いや介護、職場との行き来、生業や生活の立て直し、求職活動。地域で人間関係を新たに作ること、それを拒むこと。支援を受ける立場となってきたことの恥の感覚、生業を絶たれたことの喪失感、長い仮設住宅生活での疲労。震災前に夫婦でクリーニング店を営んでいた住民さんは、お客さんから預かった衣服の置き場を何度も借り直し、そのたびに衣服を運び続けました。返却できていない衣服が今も段ボール1箱、部屋にあるそうです。復興住宅への入居はそうした動揺や課題を一挙に解決するものではなく、そこでの生活のつみかさねを経て、すこしずつ穏やかにしずめてゆくための余裕を提供するものでした。

＊＊＊

　本稿の書き手であるわたしはいわゆる被災地に住んでいました。コンクリートが砕かれた瓦礫の埃っぽい独特のにおいや、自衛隊の給水車からポリタンクに詰めた水を運ぶときの重さが今もかすかに身体に残っているような気がします。ただ、この震災のことを研究テーマとしたのは最近のことです。住んでいたから、体験があるから研究をしているとざっくり言っていいのか、いまでも自分のなかに中途半端で座りの悪い部分があります。北海道出身の災害研究者である定池祐季さんが数年前に学会で「北海道南西沖地震のとき自分は中学生で奥尻島に住んでいました、なのでこの地震の被災地のことを研究しています、と最近では言うようにしています」と前置きして話されていたのですが、この留保を帯びた「なので」に彼女が込めたかもしれない迷いや戸惑いが自分のな

かにあるような気がしています。

「なので」という因果関係を自分のこころにすっきり統合してしまうのが難しい。かといって捨てることもできない。わたしは確かに被災地に住んでいましたが、本当に壊滅的な被害を受けた地域から震災の直前に引っ越していて、運良くそこから脱出したようなかたちでした。そのまま20年近く、復興住宅やそこに住むひとたちの存在を気づかずに、見ないようにしていました。街はどんどん復興していて、そのぶよんとした雰囲気のなかに収納されて育ちました。

ただ、このようにも言おうとおもいます。この「なので」がしっくりと来ないかんじ、しっくりとさせてはいけないのではというかんじは、語り手となることをお願いしたK住宅の住民さんたちも持っているものなのではなかろうか、と。かれらの物語には「だから」「なので」「したがって」といった、因果関係をストレートに表すような言い回しがほとんど現れません。むしろかれらは、そして…、そして…、それから…、それで…、というふうに、思い出されてくる出来事をひとつずつ連ねてゆくような仕方で語ります。「なので」にこころのどこかであらがっているようにもおもえます。「あなたは被災者だ、〈だから〉こうしなければならない」「わたしはこのような性質の人間だ、〈なので〉こんな目に遭った」という「だから」「なので」の乱暴さにあらがい続けてきたのかもしれません。「なので」を受け入れることは苦しくて悔しい。他方で「なので」にあらがうこともしんどい。

災害とはもともと「なので」「だから」が剥奪される出来事です。活断層が動いた、だから強い地震が起きた、という自然科学的な言い方はできます。けれども自然現象としての地震動の発生と、そこにそのとき自分がたまたま居合わせたことを「なので」「だから」で説明することはむずかしい。なぜかれらではなく自分が（なぜ自分ではなくかれらが）、こんな目に遭わなくてはならなかったのか（遭わずにすんだのか）。その「なぜ」への答えが与えられないところから「復興」や「回復」が始まらざるをえない。けれども、「なので」「だから」を無理に取り

戻そうとすることは、ほかならぬ自分が住まいや生業や家族を喪ったことや、自分のように生き残ることができなかったひとびとがたくさんいたことをそのまま是認することになってしまう。ところが「なので」「だから」を欠いた語り方は世間にあまり受け入れられない。わざわいの後のことばには、このようなしんどさがつきまといます。

　K住宅の住民さんたちは、わざわいの後をことばと共に生きてゆくことのしんどさや意味を知っているひとたちだったようにおもいます。かれらから「なので」の説明ではなくて、「それから…、それから…、」の物語を聞いていると、わたしはだんだんと落ち着いていました。語り手たちも、震えたりことばをえらんだりしながら、ことばが自分にもどってくるのをうけいれているようでした。おそらく、震災以来のかれらの時と声は、「なので」を受け入れること・あらがうことの中間に積み重ねられてきました。その過程をたどりなおしながら、受容と回復について考えてみたいとおもいます。

＊＊＊

　ここから、あるひとりの住民さんの「それから…、それから…、」の物語を読みなおしてゆくことにします。名前を仮にミノルさんとしておきます。震災当時40歳代、トラックや工事車両を運転する仕事をしていました。

　ほんで次の日の朝17日やなあ。朝ちょうどね、あれね。ええっと、5時、震災起きたんが5時40…え、ちゃうわ、5時50分くらいやったんちゃうかな、あれ。震災あったん。そやから、ぼくはちょっと早めに出なあかんから、ええとね、6時…ちゃうわ、5時、5時半や、5時半に、起きて、ズボンはいて、で玄関に立ったときに、下からダーン突き上げた。突き上げて、ぐらぐらぐらぁ揺れて。ほんで文化住宅やから。危ないおもて、外へ飛び出てん。ほしたらばらばらばらぁ！ゆうて天井抜けるのんわかったんよ。ほんであわてて外まで、どうにかちょっと路地やからね、出て、路地から、外へ出て、出た、道路へ出

たら先に上のひと、そこのね、文化住宅ゆうのは、6つ、まあゆうたら6世帯、の、あのぉ、文化住宅やってん。そのいちばん奥やったんやぼくは。下のね。ほんで、そこで、震災におうて、ほんでおもて出たらもう、2階のひとら先出とった、ぼくより早いとこ。んでそのときまだ真っ暗や、外。ほんでもうモヤがかかったみたいにな。「これどないなってんのやろう」って、「あかるなったらどないなってんねやろう」って。ほんでなんや、こう、普通の普段の景色と全然ちゃうねやな。もう。なんかモヤかかったみたいで。ほんま夢みてるみたい。んで自分でこないしてほっぺたつねったり、なんやかんやして、ほんで震えが来るしな。「うわぁ、家つぶれてもうとるやん。これだれも、みんな出た?みんな出た?」って聞いて。ほんだら、いや、ここのうちの住宅はみんな出てると。だからまあ、顔みな知ってるから、「ぉぉミノルさん、大丈夫やったん」、「いや俺いまから仕事やからな」、ゆうて。

1995年1月17日の早朝、崩れかける文化住宅から飛び出したという場面です。20年以上前の出来事をミノルさんは先週起きたことのように話します。エピソードが次から次へと思い出されるままにつらなってゆきます。そうしてミノルさんがわたしに語ってくれたいろいろなことの概略を書いてみるなら、次のようになります。すなわち、阪神・淡路大震災で住まいを失い、避難所生活でアルコール依存症が悪化し、仮設住宅を経て復興住宅にたどりつき、いまはアルコール依存症から脱出して暮らしている、と。

この「あらすじ」的な説明に対して、「被災のストレスが〈原因となって〉アルコール依存症を悪化させた」「仮設住宅や復興住宅で出会ったひとびとが支えとなった〈から〉依存症から脱出できた」といった、「なので」「だから」を探したくなります。それを探し当てることは可能ですし、ミノルさん自身、「だから」を探しながら語っているようでもあります。また、後述するある一点ではミノルさんは明瞭に「だから」をつかまえています。

しかし全体としては、ミノルさんは「ほんで…、ほんで…、」という語り方を

続けます。それは、かれが震災以来の半生を自分で整理していないから、というわけではないとおもうのです。あるいは、このような仕方で半生を語る機会が無かったために回想や語り口が整頓されていない、ということでもない。むしろこの語り方自体が、ミノルさんの震災後の生き方の一部であり、震災という出来事の受け止め方の一部であるのではないかとわたしは感じています。そのことを考えるために、まずアルコール依存症についての話をたどってみます。

　そやから、結局はもう、そんなんで、わしも酒飲んでもうむちゃくちゃなってもたからな。アルコールで。で結局、アルコール飲んで、ほんでもう酔うて会社辞めて。ほんで避難所へね、小学校の。(中略)
　ほんで、避難所おって普段ずうっとおったら、ついつい飲んでまうねんな。ほんでまた、挙句の果てに血い吐いて。ほんで、T小学校のとなりにK病院ゆうてあんねん。そこへ運び込まれて。ほで、いちおう、治療してもうてんけどね。ほんだら、「こんな大惨事が起きたときに、酒なんか飲んで」どうのこうのゆうて、ごっつう怒られた看護婦に。そやけど、そらたしかにな、あの点滴打ってもうて、ほんでやっとったら、ストレッチャーで横へね、わざとね、死体もってきよんねん。「あんたもこんなんなんねん」ゆうて。もうそんなやったで。うん。
　避難所は1ヶ月半くらいおったんちゃうかな。血い吐いて、けっきょく、茨木のA病院へ。そのときにもうアルコール依存症やとはゆわれとったんや。たまたま病院の中で知りおうた、ふふっ、そいつもトラックの運転手や。A病院でちょうど治療してもうてるときに、30万円の義援金、市から送ってきよったわ。ほんでおもわん金はいったから、ええ調子で、そのお金でそいつと飲みに行って、患者同士で(笑)。強制退院なってもた、いぁはははは。ほんまに、ろくなことしてへんや。

　住まいが全壊し、仕事も辞める。避難所で「ついつい飲んでまう」。吐血し

て運ばれた病院では遺体が載るストレッチャーを隣に持ってこられる。このあとミノルさんは避難所から仮設住宅に移りますが、そこでも飲酒は続き、入退院を繰り返します。わたしが大事だなと考えるのは、ミノルさんが自身とアルコールの関係について理由や原因を深く確定させるような語り方をえらんでいないことです。「ついつい飲んでまう」「飲まされるねんな」「飲んでまいよったんや」というように、飲酒のきっかけやタイミングについて、自分のことを少し離れたところから観察するような表現で話されています。このころミノルさんには飲酒の理由や原因が自分の内部で実感できるものとして存在していなかったのかもしれません。ここでいう実感とは、行為の理由付けを後からたどるときの手がかりとなるような、自分の行動そのものにある程度一貫した意味を与える感覚のことです。飲みたいという欲求は実感していたはずですし、厳しい現実を酔いで緩和したいという衝動があったのかもしれません。ミノルさんは自分の意志で酒瓶に手を伸ばし、その結果として身体にどんどんダメージを蓄積させてゆきます。こうした意味で、行為の始点と終点をつなぐものとしての「理由」はたしかにミノルさんの内面にある。けれども、そうした行為そのものの両端が、より以前の自分と、語っている自分に無理なくつながってゆくという余裕をもった行動ではない。日々のつらなりを底から支えていたリズムや実感がごっそりと崩れ落ち、虚空でもがいているような感覚をわたしは想像します。

　ミノルさんの実感の中心にあったのは「むちゃくちゃなってもた」という表現で示されるものではないかとおもいます。このとき、ミノルさんはお酒を飲むこと、避難所に行くこと、仕事を辞めたこと、そして「むちゃくちゃなってもた」ことをひと連なりに語っています。


　ほんでその、後ろからもその橋脚がみな倒れていってるの、知れへん。全然わからへんから。わしらもまさか倒れてるなんか知らん。テレビつけてみて初めてわかったんや。帰ってから。そやから、そんな目に遭うとは、所長

震えとったもんな。ほんまに。あれ観て。だから、あらぁ、あれの恐怖いう
のは、たしかにね、わしでも初めての震災やから、その、小さい揺れとか、そ
んなんはね、まあ、ちょっとくらいやったら、まあ鈍感やったんやな、その当
時は。最近あかん。ものすごい敏感なってる。ちょっと揺れたらぱっと目ぇ醒
める。そやから、結局はもう、そんなんで、わしも酒飲んでもうむちゃくちゃ
なってもたからな。アルコールで。

　すこし説明を付け加えます。ミノルさんは1月17日の朝、横倒しになった
阪神高速道路を過ぎたあたりで身動きできなくなった上司を車で迎えに行きま
した。上司は通過が少し遅れていたら自分が高速道路の倒壊に巻き込まれてい
たかもしれないと理解して「震えとった」のですが、「あれの恐怖」は上司だけ
でなくミノルさんも感じたものであったことが地震動に対する現在の過敏さと
して示唆されています。
　「酒飲んでもうむちゃくちゃなってもた」ことの前段にこの恐怖があったこ
とは確かなようです。ただ、恐怖(原因)ゆえに飲酒した(結果)という理由付けを
確定させているのでもないようなのです。ミノルさんは「そやから」(だから)と
いったん理由付けをしていますが、「結局はもう、そんなんで」とことばを継
ぎ、原因と結果の関係をゆるめます。別の箇所では、仕事に出かけている間に
避難所で8万円を盗まれ、その直後に20万円の義援金を行政から支給された
ことが語られます。飲酒の前段や背景には、恐怖の他に、同じ被災者から盗ま
れたという憤りや失望、労働や金銭の感覚の混乱があったかもしれません。こ
れらの一部または全体を飲酒に至った原因として描き出すことは可能でしょう。
しかしミノルさん自身の当時の体験(および現在の回想の実感)においては、自分が
制御あるいは納得できるような理由や原因のもとで飲酒や現実が息づいてい
たのではなく、「むちゃくちゃなってもた」という表現でしか示し得ないよう
な、整理整頓できないかんじが渦巻いているようにおもうのです。タイミング
が違っていたら自分も死んでいたかもしれないという恐怖、住まいの喪失、飲

酒、退職、避難所生活を、原因と結果の連鎖ではなく、「結局はもう」「ほんで
もう」というように出来事の連続として語るほかない。「むちゃくちゃなってて
もた」とは、生活や心理が一時的に混乱に陥ったというより、出来事を「なの
で」の連鎖に配置し、自分の生活リズムや過去の経験や将来の見通しと組み合
わせてゆくことができない状況を言い表そうとしたことばだといまのわたしは
推測します。

　この「むちゃくちゃなってもた」という実感は、ひとの生死についての剥き
出しの実感ときわめて近いところにあったようです。高速道路の倒壊を上司が
幸運にもすり抜けていたことはさきに述べたとおりですが、上司を迎えに行っ
たミノルさんも高速道路上の同業者の遺体を見ています。また、避難所で吐血
して運び込まれた病院では遺体のストレッチャーを自分の隣に置かれています。
「むちゃくちゃなってもた」とは、それまでの「なので」が脆くも崩れ去り、新
たな「なので」を積み立て直すことも難しい状況です。そのなかで、災厄によ
るひとの生死は「なので」型の解釈をもっとも強烈に拒みます。死のイメージ
と渾然とした「むちゃくちゃなってもた」状態からもがき出ようとしてお酒を
飲み、そのためにかえって自分の体が死に引き寄せられてゆく、という悪循環
です。

　一方で、当時のことをいまふり返るミノルさんはアルコールのことを完全に
ネガティブなものとみなしてはいないようでもあります。というより、どこか
ほがらかなのです。依存症治療の入院中に知り合った患者仲間と病院を抜け出
して飲みに行ったときのことを語るとき、「ふふっ」と笑みをこぼします。断
酒中に見た幻覚・幻聴のエピソードの描写には、聞く者を軽い酔いにいざなう
ような艶とユーモアがあります。なにより、お酒は「むちゃくちゃなってもた」
状況のミノルさんにある種の現実感を取り戻させてくれるものでもありました。

　自分ではな、まだ酒飲めるんや、まだ飲めるんや、ばっかおもとったけど、
だんだんだんだんやっぱり、あのねえ、時間がものすごい短かなって来よんね

んなこれ。たとえば、〔手元の水のペットボトルを示しながら〕一回こう飲むやろ。飲んで、たとえばこれ半分やったら、まあたとえば酒やったら半分飲むとするやん。半分飲んで、ああ気持ちええ。ちょっとまおいとこ、ゆうようなかんじで。3時間4時間はもつんよ。ところがだんだんだんだん、1時間おきぐらいになってきよる。ある金ぜんぶ飲んでまうわけ。自動販売機の前で。ほんでもうふらふらなりよる。ほんで最終的には救急車や。助けてくれえ、や。

　アルコール依存症がいよいよ悪化してゆくときの描写ですが、このころのミノルさんにとってお酒が持つ意味を教えてくれる語りでもあります。このころ、ミノルさんは飲酒から時間の感覚を得ていたようです。それは「健康な」社会生活において刻々とすすみ、それに合わせて働くことで評価や報酬が与えられる時間とは少し違ったものです。ミノルさんはむしろ、そういった社会的な時間から拒まれ、取り残されていたかもしれません。代わりにお酒は「ちょっとまおいとこ」(すこしのあいだ、このまま置いておこう) という時間の感覚を貸し与えてくれる。「おいと」く当のものは残りのお酒であり、ここちよさにひたっている自分自身でもある。「現実が無に直面し、無が現実を危うくする」(九鬼周造) 状況で、「めちゃくちゃなってもた」自分のなかでコントロールできないものが渦巻いているけれど、お酒を口に含んで喉に流し込んだいまだけは自分を自分から手放していることができる。ミノルさんは「酒は百毒の長や」と言いますが、このころのかれにとってお酒はもうひとつの現実を確保するために、たしかに必要だったのかもしれないとおもいます。ただ、身体と神経はアルコールにもう堪えられず、ミノルさんを現実へと突き出してしまう。最後にはなぜここまで飲まねばならないのかと涙を流しながらお酒を口に運んでいたと言います。

＊＊＊

　こうしたことをわたしがミノルさんから聞くことができるのは、かれがアル

コール依存症から脱出したからです。酒は怖い、酒の怖さをだれもわかっとらん、とミノルさんはいつも言います。お酒を辞めたことはミノルさんの物語のなかで最大の重みを持っているとわたしはおもいます。ただ、「〈なぜ〉依存症を断ち切ることができたのか」と急いで問うてしまうと、「なので」型の説明にはまりこんでしまいます。ミノルさんにとってお酒を辞めることがどのような体験であったのか、かれが語ったことを読みなおしながら確かめてみます。

　ほんで最終的に、いまから8年前くらいになるんちゃうかな。N先生が病室に来て、家族の電話番号わかったら教えてくれゆうて。役所へ問い合わせてくれて、兄貴と、姉の子が来よったんや。ほんで、先生と医務室で、カリウムの数値がものすごい異常に上がってると。だからいつ心臓止まってもおかしない状態なってる。アルコールでね。最高上がっても170くらいやねん。それが29000まで上がっとう。先生は機械つぶれてるとおもてたらしいわ。ほんで、最後にね、病院の、8階のね、いまだによう忘れんわ、あのナースのね、看護婦さん連中に、全部色紙、書いてくれはったんや。断酒。断酒しなさい、ゆうね。もう酒のまんと、からだ大事にしてくださいと。それいまだにわし飾ってあるよ。ええ。だからね、やっぱりもう、そうやって、今まででそんなめぇになかったからな。

　このとき断酒に至った大きな要因として2つのことが語られているようです。ひとつは「いつ心臓止まってもおかしない状態なってる」というように、自分の死が間近に迫っていることを認識したこと。ただし、死にたくないから・生きたいからお酒を辞めようとおもったとはミノルさんは語っていません。むしろ自分の死の可能性という現実を、「めちゃくちゃなってもた」自分のなかに探り当てたことで、かえってそこから距離を取ることができたということかもしれません。もうひとつは、「今までそんなめぇになかった」ような体験をしたこと。つまり、看護師さんや復興住宅の民生委員さんたちに親切にしても

らったこと。ミノルさんはなかでも新興宗教団体に所属する青年と接したことを理由として挙げます。ここまで「ほんで…、ほんで…、」という話し方を選んでいたミノルさんですが、この断酒のエピソードでは「〔飲酒を〕辞めたんゆうのも」「そやから」と理由付けを比較的はっきりと打ち出す語り方に切り替わります。他のひととの出会いや接遇のなかで、「めちゃくちゃなってもた」ころとは違う何かが生まれ始めていたようにわたしは想像します。

　このことを考えるために、遠回りになりますが、K住宅の住民さんがたまに語る「ちぎれ」感覚のようなものに言及しておきます。わたしらはずっと、何と言ったらいいのか、いないものみたいにされてきたから、とぽそーっと住民さんが言ったことがありました。避難所や仮設住宅のころから今まで、被災後の生活全体を通じてのその方の実感のひとつのようにおもわれました。物質的な支援が少ないとか、心理的な「ケア」がもっと向けられていいはずだという不満とは別の気持ちです。社会からぽつんとちぎれたままにされている、気づかれないでいる、という感覚ではないかとおもいます。ここはX市でも最後に建てられた復興住宅やから、と言う住民さんもいます。ここは見た目はきれいにしとるけどな、ちょっと掘ったらすぐ瓦礫出てきて花壇なんか作れへんで、と言う住民さんもいます。ずっと後回しにされてきた、大雑把に建てられた住宅に入れられている、という不満の意味合いですが、ここにもやはり、社会から離れたところに追いやられて取り残されている、存在が曖昧にされているという感覚があるようにおもいます（そのように推測するわたし自身、見えていないものを曖昧にしてきた、いないものにしてきたことは先述のとおりです）。

　「いないものにされてきた」とは、自分たちの状況が社会に認識され、意味あるものとして扱われていないということです。社会や、先に「復興」した共同体が、自分たちの生活の歩みとは異なる速度でずんずんと進んでゆく。自分たちに関係しているはずのものごとが勝手に決められ、実施され、不満を言おうにもその経路が見当たらない。自分のなかで理路整然と説明する論理があるのでもない。あれこれの具体的な不満はあるけれど、それをぶつけてもことば

がぐしゃっと潰れるだけで、芯の部分がつたわっていない。そういった感覚かもしれません。

ミノルさんの物語にもこの「ちぎれ」感覚と似たものがあるように感じます。


手術せなあかんかもわからんから、大阪でするかゆうことになって、大阪のO病院。そこで診てもうて、手術したんや。それで、1ヶ月と10日くらいかなあ、おったんは。それが1999年やった。いまだに忘れんわ。そんで、それが2000年問題あってね、退院してくれゆうとったんや。コンピューター狂うかもわからんから。ほんで、ほとんどの患者さん、みな退院してもて。そんとき手術終わって、ある程度歩けるようなったし。そしたら退院しますゆうことで、その、退院したんや。んで仮設帰ったんや、H台。

H台帰ったとき、もうH台の仮設、だぁれもおらへん。もう空家状態。住んでんの俺ひとり（笑）。残ったん。最後に。まだ潰してはない。立った状態で、ただもう、ガスのボンベもみな外して。水道は出んねん。ところがガスが使われへんから。「ミノル君もう、ここにおったってあかんから、そやから」ゆうてね、民生委員のAさん来てね、引っ越したほうがええと。


内臓疾患の手術のために1ヶ月以上入院して、真冬の仮設住宅に戻ってくると自分以外だれも住んでいない。実際の理由はわかりませんが、仮設住宅の解体計画が入院中のミノルさんにはうまく伝わっていなかったのかもしれません。ミノルさん自身にとっては、自分の住む場所のことでさえ自分とは無関係にすんでゆく、社会からひとり取り残されているという体験です。

こうした「ちぎれ」感覚をこころのどこかにもつ避難生活者にとって、人間関係は災害以前とは違う意味合いを持ちます。外部社会のリズムや速度から切り離されるほど、近くの現実の人間の存在が強烈に響くからです。それは単に「ひとの優しさ」が身に沁みるといったことだけではありません。そういった述懐をする住民さんもいますが、人間の嫌な部分を思い知ったという住民さん

もいます。いずれの場合も、平常の社会生活ではさほど直視する必要のなかった剥き出しの人間性に生身で触れることになったという体験です。

　集中治療室に入ったときのミノルさんには、そうした他人との関わりが、ある回復の基調につながっています。

〔いつも見舞いに来てくれる青年のことを〕「いやいっつも頭低いし、なかなか、あれ一生懸命ミノルさんのこと面倒みてはるから、誰かいなおもた」、ゆうて。看護婦さんが、その共感があって、俺がいろんなこの住宅のいろんなおばあちゃんでも、見舞いに来てくれたりしたりね。だから、案外人脈は、このひと、こんなんやけど、酒飲んでちゃらんぽらんなんやけどさ（笑）、人格はあるなゆうのわかるやん、人が来るゆうことで。

　このときミノルさんが自分にとって大切だったこととして挙げているのは、いろいろなひとがお見舞いに来てくれたということ、さらにそのことが看護師さんたちに認知されたことです。礼儀正しい青年や、復興住宅の「いろんなおばあちゃん」が自分を心配して病院に来てくれる。それだけの「人格」が自分にあることが、色紙を贈ってくれるような親切な看護師たちにも認知された。つまり自身と見舞客という人間関係が、さらにその外部の社会にまで認証されたということが、ミノルさんにとって大きな意味を持っていたようにおもわれます。

　このことは、被災直後の「もうめちゃくちゃなってもた」とは対称性を持っていません。見舞いに来てくれた知人や看護師が震災の「めちゃくちゃ」それ自体を整序してくれたからアルコール依存症が治ったのではない。「めちゃくちゃなってもた」ことの不可解さにかれらが理由や原因を外挿して解決を与えたのでもない。そうではなくて、依然としてミノルさんには「ちゃらんぽらん」が残っているかもしれないけれど（とはいえ「ちゃらんぽらん」は「めちゃくちゃ」より穏やかなはずですが）、それはさしあたりそのままにしておいて、ただ自分の存在そ

のものを、ひとが「なので」の外側からそれに会いに来てくれる「人格」として、自分自身で承認した、ということだとおもうのです。ミノルさんは「なので」によってつながる社会関係から切り離されていました。なんでこんな目に遭わなならんのや、という問いがぽつんと置かれて答えのない被災生活。その時期のことを語りなおすには、「ほんで…、ほんで…、」と記憶をよみがえらせてゆくほかない。けれども、「なので」を掴めないその自分が、理由や原因や利害を求めず会いに来てくれるひとを出迎えている。社会的関係という、アルコールが腐食させていたもう一つの現実が再生し始めている。その中心に、死にかけているけれど自分がいることを発見する。そのような体験であったとおもうのです。

＊＊＊

　ミノルさんがあるとき「震災に遭うたのは、運命やな」と言ったことがありました。そばにいた別の女性の住民さんが「そう。運命」とうなずいたのを覚えています。ここまでミノルさんの物語を読みなおしてみると、この「運命やな」ということばが被災体験の単純な「受容」や心理的な「回復」とは異なるものを意味していることがわかってきます。
　長い遍歴の末に断酒に至ったところでミノルさんの物語は大きな区切りをつくります。ミノルさんはその後、K住宅の自治会の役員を引き受けます。そのことを「償いや」と表現します。

　そんなこんなあって、こんで、いままでずうっとこうやってね、役やって、ここで。だからいまはゆうたら、償いや。自分の。みんなに迷惑かけたゆうな。だから今は高原さん、全然ちゃうで、俺。自分でも。ようこんだけ自分で変わったな思うもん。もう変わってへんかったら死んどるわ。とうに。いつ死んでもおかしないゆわれとってんもん。

ミノルさんが死んどったら、この文章も書くことができませんでした。ところでこの「だからいまはゆうたら、償いや」は、ミノルさんの物語全体のなかで、もっとも明瞭に理由を示しているものだとわたしはおもいます。

　では「ほんで…、ほんで…、」で続いていた語りの最後に「だから」が出てくることを、どう考えたらいいのか。「だから」は、それまでのさまざまなエピソードやひととの出会いの意味がそこに結実してゆく「区切り」をつくります。その区切りは、それまでの出来事がおおまかなまとまりをつくり、区切りのこちら側にはもはや侵入してこないという感覚を生みます。「だから」の区切りは、いったん完了したもの＝過去をつくります。これに対して「それから…、それから…、」の語り方は、物語を一点に収斂させず、語る者にも聞く者にも緊張感を維持させます。語り手と聞き手が現在を共有する語り方と言えます。

　ミノルさんは「ほんで…、ほんで…、」という語り方で多数のエピソードをいくつも連ねて描写し、最後に「だから」にゆきつく。ただ、この「だから」は区切りではあるけれど、それまでのたくさんのエピソードを全て完了した過去にしてしまうのではないようにおもいます。言い換えると、物語全体を規定しつくす「だから」ではない。ミノルさんが「めちゃくちゃなってもた」避難所でもっとも求めていたものがこの「だから」の実感だったかもしれないけれど、いまのミノルさんが当時の自分にこの「だから」を与えることはできない。けれども、とにかくこうして話したあと、「こうして残すゆうんも、たいせつやな」「読んでもらうん聞いとったら、よみがえってくるな」とミノルさんは言います。完了していないけれど、承認している。

　結局のところ、かれの物語には「ほんで…、ほんで…、」という語り方と、「だから」の語り方の両方がふくまれています。そのこと自体がひとつの回復のかたちではないかとわたしはおもいます。そのように語るほかないことをそのように語る、ということです。

***

復興住宅でミノルさんや他の住民さんたちの話を聞くことで、わたし自身の「なので」「だから」のかみあわなさが消えたのかと考えてみると、そうでもないことに気づきます。むしろ「なので」のすわりの悪さがよりくっきりとしてきたようです。「だから」「なので」によって過去を過去として区切ることは、人間がことばから得た大きな力なのかもしれません。「なので」がはっきりとお腹にはまりこまないままであると、過去が過去としていつまでも区切られず、過去の長い影に現在が覆われてしまうのかもしれません。そうして、「なので」が自分のからだや時間や記憶に癒合しきらないまま時間が重なってゆくのでしょうか。けれども、そのためにことばと未来が封じられるのでないならば、それによってことばが戻ってくるのならば、落ち着いて行ったり来たりしていてよいとおもえます。

高原耕平 (たかはら こうへい)
1983年、神戸生まれ。大阪大学大学院文学研究科臨床哲学研究室博士後期課程を経て、2019年より「人と防災未来センター」研究員。博士（文学）。

# 6

# 「あなたたちも人間だ」
## ──インドのスラム街での表現活動

西村ゆり（光の音符代表）

聞き手：
森口ゆたか（美術家、近畿大学文芸学部教授）

## 01 ｜ 光の音符の活動：インドのスラムにおける識字教育と表現活動

　「光の音符」は音楽家と学生を主体に活動しているNGO（任意団体）です。今、活動の柱となっているのは、インド・ムンバイ市のワダラ地区にあるスラムの子どもたちのための識字教育事業と、表現活動の2つです。識字教育事業は、2004年より現地で活動するハンセン病を扱うNGO「ボンベイ・レプロシー・プロジェクト」（BLP）との協働事業として始めました。

　これは、それまでの過去10年にわたり、「光の音符」が音楽を通して交流を続けてきた岡山県の国立ハンセン病療養所「邑久光明園」入所者の人々からの協力により実現したものです。インド・ムンバイ市のハンセン病専門病院（Acworth Hospital）内に於いて、就学が困難な同病患者の子どもたち、また周辺のストリートチルドレンのための教室として、すでに同病院内で運営され、存続が危ぶまれていた「モンスーンと陽光（ひかり）の子どもたち」という名の教室に協力する形で始まりました。資金は、日本のハンセン病回復者・市民からの募金と、日本において行われるチャリティー公演等の収益をあてていました。

そして2011年から2013年までは、表現活動—JICAとの協力事業である、草の根技術協力事業「スラムの子どもたちの自立力向上のための音楽指導者育成計画」を行い、その後、子どもたちに歌やダンスを教えることで彼らが"彼ら自身"を表現できるようになることを目指す活動「光の教室」プロジェクトをスタートさせました。

　この活動の主体になっているのは、日本の大学生。2010年頃からスタディツアーを始めました。きっかけは、学生が行きたいって言い出したこと。最初はその学生を1人だけ、ひやひやしながら連れて行ったのですが、案外平気で楽しんでいて。それで次の年に、学校の授業で広く声をかけたら28人も来ることになって。実際に連れて行ったらやっぱりすごく楽しんでくれました。その後は、参加した子たちがツアースタッフとして関わってくれるようになり、今ではスタディツアーの準備は全部、学生スタッフがしています。学生って怖いもの知らずだから、私が想像もしないことをやってくれたりして、スケールがどんどん大きくなっちゃった。

　私は、自分が組織のトップという意識がないんです。光の音符という名前自体も、そういうつもりです。音符って、独立したひとつひとつが音なんですね。でも組み合わせ次第で音楽が生まれてくる、1個では成り立たないもの。そういう、「バラバラで一緒」っていうのがここのモットー。「みんな違う」ということを前提に、とにかくひとつの化学反応が集まることで音楽が生まれるような活動ができたらいいなと思っています。

## 02 ｜ なぜ“表現”なのか

　でも、インドでこの「光の教室」の活動を始めた当初は、インドの人にその意義を理解してもらうのが大変でした。私たちが活動の柱にしているのは、歌やダンス、美術といった表現。でも、インドでは、音楽も、体育も美術も、公立学校の授業にない。ほとんど課外授業です。今おそらく現地の学校で重視されているのは、英語と数学と物理。生活のお金を稼ぐためにすぐに役立つ科目です。

　なぜ“表現”なのか。それは、心の教育をしたいと思ったからです。インドのスラムで育つ子どもたちは、コミュニティの中では楽しく仲良く生きていますが、コミュニティの外の人からは、拒絶されていることも多い。例えば、同年代の子から野良犬みたいに扱われたり、無視されたりするのも、現地で見ています。カースト制度は、憲法上は廃止されていても、差別は根強く残っている。そして、貧富の差も大きい。そういう様子を見て、「プライドを持って生きて欲しいな」と思ったんです。「あなたたちも人間だ」ということを自覚してほしかった。というのも、スラムの子たちは、小さい時は天真爛漫で、楽しく過ごしている。でも、14、15歳になった時に自分の境遇に気が付くのかな。飲酒とか麻薬とかが始まります。それは彼らの父親とかと同じ、ひとつの逃避なんですね。でもそうじゃなくて、小さい時のまま、その子たちが自分自身に誇りを持って、楽しく生きてくことを支える教育が何かあるんじゃないかなと考えて、表現だと思ったんですよ。

　これが子どもたち、一人ひとりの記録です。何年に何を言った、みたいに細かい事実だけを記録していきます。それと学生たちはいっぱい写真を撮るので、一緒にまとめています。

　行くたびに絵を描かせているから、最初の頃と後ではとても変わっているのがわかる。子どもたちの絵はつないであるんですよ。それでステージとか、コンサートのたびに飾る。「あんたが描いた絵や」って言ったら、本人は忘れていたりする(笑)。

　こんなんから始まるんですよ(下写真左側)。

もう本当に汚いですよねー。手形から始めました。筆なんてないから、自分の手に絵の具を塗って。ほいでまた、この色の… やっぱり暗い色を使うんですよね。もうそれしかなかったっていうのもあるんですけれども。で、これの発展形があります。ちょっと大きすぎて…。どこへ行ったかな。これが発展型です（前ページ下写真右側）。だんだん大きくなっていくんですよ。

　画面が大きくなってきて、最終的にこれになるんです。

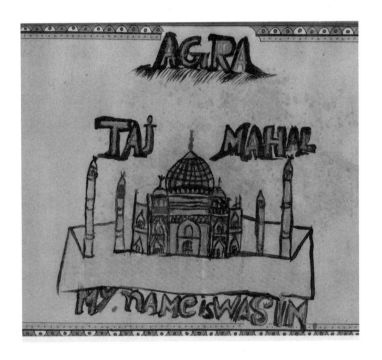

　初めてここで、自分の名前を書いています。描けない子は日本人に描いてって言うんですよ。自分の名前を書くって大きいことなんです。自分がここにいたというか、自分に名前があるということは、自分はこの世界では独立しているってことですよね。この名前を書きたがるまで、時間がかかるんです。5、6年かかっているかな。

彼らが思春期になりまして。17歳位になって、こんな絵(下写真左側)を描き始めたんですよ。恥ずかしげもなく堂々と見せてくれたんやけど。日本やったらこれ恥ずかしいでしょう。そしたら次にこんな絵(下写真右側)を描いたんです。

これが感動したんですよ。3兄弟なんですよ。で、これはお兄ちゃんと自分と弟。3人の真ん中の男の子が書いたんですけれども。これ何かと言うと、翼。日本人が思っている翼って白くてもっと美しいんだけれども、ものすごくたくましい翼やないと飛べないのを、この子たちは知っているんですね。でも1羽やったら飛べないけど3人いたら飛べるかもしれない。17、18歳になった時に、彼らの表現力が内面的なことをそのまま出せるようになった。でもこれって、最初に「これじゃだめ」とか言ったら絶対だめなんですよ。本当にひとつひとつが大事で。

私が行っているムンバイは、インド映画の製作地として有名なところ。街中にいつも大きな音で映画の音楽が流れていたりする。子どもたちはそれをずっと聞きながら育っている。その映画で踊られているダンスもいつの間にか知っていて。いつも踊っているんですね。なんで踊れるんだろうって思っていたら、ある時、あのインド映画でよくでてくる踊りのエッセンスは、実はインドの

各地に伝わっている伝統的なものだと聞きました。だからインド人は音を聞いたら、どんな形で入るか子どもでもわかっちゃう。3回ぐらいしか練習してなくても、すぐ踊れて、ステージに上がれちゃう。あの子らの体の中にあるインドっていう音が表現する場を与えればすごく楽しそうにでてくる。

　光の教室では、2014年から *Are You Happy?* と題して、毎年一回子どもたちがステージ公演をすることにも取り組んでいます。でも、子どもたちはいつも踊っているとはいえ、人前に立ったことはない。最初はステージっていっても、どうしていいのかわからなくて大変でした。でも今はもう、子どもに任しておいたら、自分たちでプログラム作って、ダンスの先生と一緒に準備をして、全部やってしまう。日本人はやることなし（笑）。また、それをスラムのお母さんたちが、すごくおしゃれをしてきて、客席でギャーギャーいいながら見るんですよ。そういう場所ができているのが今すごく嬉しいんです。

　子どもたちも、自分たちが表現して、それをお母さんたちがものすごく喜んでくれるのを見る。何か共有できたことを感じた時に、一回美味しいものもらった、大きいお金を盗んだっていう喜びとは違う、あったかい喜びみたいなものを体験できると思うんですね。そういうかたちで、幸せを人にわけられるような関係性をつくれるっていうことを感じて欲しい。

これがないと絶対だめだと思うんです。すごく孤独になると思うんですね。共振して何か一つの空気が生まれていって、はじめて孤独っていうのは解消されていくような気がします。だから、子どもたちがそうした体験をすることは、すごく大事だと思う。

## 03 │ 自分の目で見る見方を教える

　私は、表現活動というもの自体は、インドのスラムの子どもに限らず、日本の子どもにも、どの子にも必要だと思っています。ただ、インドのスラムという場所には、紀元前からの長い差別の歴史が背景にあります。それを変えるなんていうことはほぼ不可能に思えてしまうような場所なんです。その意味では、この場所でこそのチャレンジ、この場所で、どの人間にも必要な表現活動に挑むことの意義はあると思っています。ここで10年以上同じ子どもたちと関わってくるなかで、やはり、子どもたちは変わってきました。これは日本人はいらんことしたっていう人もいるんですけど……、どう変わったかというと、悩む力がつきました。悩む。苦しみですね、悩んだり苦しんだりする力がつきました。

　これを力ととるのか、ない方が良かったととるのかは非常に難しいところですけども。先ほど、「あなたたちも人間だ」ということをわかってほしかったと言いました。でも実際、「自分もひとりの人間だ」ってわかった時に、彼らはすごく苦しんでいる。例えば、今、10代後半になった子たちがどう苦しんでいるか、具体的にお話しします。

　彼らが暮らしている環境では、同じ年代の男の子たちは悪いことばかりするわけですね。賭け事をしたり、お酒飲んで女の子にひどいことしたり。そういうことばかり誘ってくるわけです。でも、私たちと関わったひとりの男の子、イブラヒムっていうんですけど、彼は、そういうことに誘われるのは嫌だ、したくないと思っている。おそらく、私たちと関わったばっかりに、そういうこ

とをしたくないという気持ちが生まれてきたんです。

　実は、女の子をひどい目に合わせるみたいなことは、インドでは割と普通にあるんです。女の子の地位が低いので、特にスラムでは、欲望丸出しで……。でも、スタディツアーで行く日本の学生たちは女の子が圧倒的に多い。彼女たちと交流して、やっぱり人間同士でつながってきますよね。そうしたら女の子を傷つけるっていうことが、そんなに簡単にはできなくなってしまうわけです。でもそうすると、コミュニティのなかで居場所がなくなるという、非常に難しい問題がでてきます。イブラヒムは、そのひとつの解決方法として働きに出るということを選びました。「なんでそんなに働くの?」と聞いたら、「近所の人たちと顔を合わせたくない」「あの子たちの仲間ではいたくない」って言っていましたね。彼が、この後、またどんなふうに変わっていくかは、わかりません。逆に言うと、その子が将来どんな大人になるかを見たときに、その教育のひとつの結果がわかると言えるのかもしれない。でも今は、みんな、悩んでいるっていうところが、すごく大事なところだと思っています。それは、周りに流されないでいるっていうことでもあるから。

　私、インドの子どもと喋りたくて喋りたくて、ヒンディー語を習得しようとしてるんです。着手したのが5年前! そしたら周りに先生がいないんですね。先生がいないから、しょうがないから紹介してもらって参考書を1冊だけ買って。それだけを先生にして、今5年目! やっと3歳児から5歳児くらいの語学力です。

　言葉ってその国のことがよくわかるなあと思うんですが、たとえば、ヒンディー語には「所有する」っていう単語がないんですよ。「持ってる」っていう概念がないんです。「私の近くに○○がある」って言うんですよ(笑)。土地だって、自分のものだと思っているけど、地球のもので、私のものではないですよね。私が買ったから私のものというんじゃなくて。言葉の勉強も、ゆっくりひとつひとつやっていくと非常に深いものがあるんですね。

　私は、教育とは、自分の目で見る見方を教えるもんやと思うんですよ。人か

ら言われたことを鵜呑みにせず、いろんなものに触れる力と、コミュニケーションを取る力と、それから一回は疑ってみる力。すぐに判断を下さずに、自分の知識と経験が積み重なるのを待って、わかってくることを大事に待つ力。途中で諦めない力。本当の教育っていうのは、そういう力を育む教育なんじゃないか。そういう力を育むことが、とても大事なんじゃないかと思うんです。

## 04 | 里親による支援

　この「光の教室」の活動は、里親という形で、たくさんの方に支援をしていただいています。支援としては、2つあって。1つは、子供たちの就学支援。1年間の勉強代（先生に払うサラリー）とか給食代とか、そういうものに充てる資金として1口1万円。2つ目は、運営資金。こちらは教室に関係するものに、自由に使わせていただくもの。金額も好きな額をいただいています。

　新型コロナウィルスの影響もあって、継続支援してくださる方はすごく減りましたが、いつもどおりの方もいらっしゃって。私にとっては貴くて。自分だって怖いじゃないですか。自分だってこの先どうなるか分からないし、不安やのに、インドの子どもにお金が出せる人が1人でもいはったらびっくりなんですけど、10人もいはるのや、と思って。その……、すごく嬉しいですね。里親になったからといって別にね、何にも特典がないんです。1年に1回、通信としてレポートや子どもの絵を送るくらいで。

　　——子どもたちは、そのことを知っているんですか？

　初めはわかっていなかったですが、今は、私が自分のお金でやっているのではなくて、いろいろな人の想いのこもったお金を集めて持ってきていることも理解しています。徐々に日本人を好きになってくれて。だから、日本人にあげるって言ったらいくらでも絵を描いてくれますし、日本に行きたがりますし。

　実は2020年には、子どもたちを日本に呼び、支えてくれた里親さんに会っ

ていただくことを企画していました。新型コロナウィルスの感染拡大の影響
で中止になってしまいましたが。里親さんに会ってほしかった。みんなお金
持ちでも何でもない、普通の人たち。ご病気だったり、障害のある人もいらっ
しゃって。障害者年金から贈ってくださる方もいらっしゃいます。ご自身が傷
ついた経験があるからこそ、気にかけてくださる部分もあるように思います。

　通信に、この子の親は亡くなっちゃったとか、警察に追われてしまってどこ
に行ったかわからないとか書くんですが、その子の名前を覚えてくれはるんで
すね。「ワッシームは見つかったか」とかって電話がかかってきて、「まだ」っ
て答えたり。その子の名前を覚えて言えるってとても素敵なことですよね。

## 05 ｜ 日本のハンセン病療養所の人たちとの関わり

　最初に里親になってくださったのは、邑久光明園という岡山にあるハンセン
病療養所の方でした。実は、その方が、インドに学校を作れって私をけしかけ
たんです。金地慶四郎さんという方です。最後まで偽名を使わずに本名で通
されて、2019年に亡くなったんですけども。その金地さんが「教育や」って、
言わはったんですよ。インドのスラムの子たちには、ハンセン病患者の子ども
たちが多くいます。その子たちは、差別や貧困から公教育を受けられないでい

る。その状況を知って、教育が必要だって。それもお金を得るための教育じゃない教育。金地さんにはいっぱいいろんなことを教えてもらいました。

　"三園長発言"[1]ってご存知ですか？　国会で、療養所の3人の園長が「ハンセン病は怖い」と言ったばっかりにらい予防法っていう法律の存続に繋がっちゃった。その経緯からどんな検証報告を見ても三園長は悪人みたく書いてあるんですけれども。実際はちょっとちがうんですよね。その三園長の1人が、インドに病院を作りはじめた宮崎松記さん。彼がなぜあの発言をしたか、実際はほとんど誰も知らないんです。宮崎さんは弁解しなかったから。でも当時、ハンセン病に対してものすごい差別があって、患者さんの子どもたちは学校にも行けなかった。そういうところで部落を作るよりも、療養所でみんなが暮らせたら、もっと生活も安定するし、子どもたちも学校に行けるのではないか。そういういろんな複雑な事情や想いがあったそうです。

　菊池恵楓園に行って初めて知ったんですが、園の人たちは宮崎さんのことを「親父」って呼んでいました。誰も彼を悪く言わなかった。宮崎さんは、療養所の所長を退官した後、65歳の時に、インドのアグラという所にJALMAセンター[2]と呼ばれる、大きなハンセン病研究・治療センターを建てました。その後、飛行機事故で亡くなってしまった。実は私の父親は、そのJALMAの、2代目の所長をしていました。


## 06 ｜ スラムの中にある豊かさ

　最後に、なぜ、私がインドのスラムで活動を続けているのかについて、お話ししますね。きっと、好きなんでしょうね(笑)。私、インド人が大好きなんやと思います。なんでなのか。それはもしかしたら、いちばんみすぼらしく見えて、人が見捨てていくようなものの中に本質みたいな、ものすごく大事なものがあるんじゃないかと思っているからかもしれません。

——その大事なものとは何でしょうか？

真・善・美。真実であること、善いほうにつこうとする意志と、見た目の美しさでなく本当に美しいものにたいする感受性と。これをずっと信じていきたいと思っています。それに、最後の最後はこっち側につこうっていう覚悟がなかったら、人間はあっという間に落ちるんじゃないかな。ぱっとみて美しいものっていくらでもある。でも見た目の美しさでなく本当に美しいものに気がつけるかどうかが、とても大事。それが、幸せになれるかどうかに関わるんじゃないかな。

私、インドのスラムの人たちを見て、"かわいそう"って思ったことがないんです。" 大変やろう"とは思うんですね。それに、本当にかわいそうな目にあっていると、"これはかわいそう"と思うんですけれども、不幸とは思わないんですよ。スラムの人たちの幸せのあり方は、ものすごくバラエティーがあっておもしろい。

私、ムンバイの空港で、トイレ掃除のおばちゃんにお弁当もらってしまったことがあるんです。おばちゃんが「ここに座れ」って言って床に座らせてくれたときに。多分、おばちゃんにとっては1日一食の食事だったと思うんですけど。なんであのおばちゃんがお弁当くれたのか長いことわからなくて。「インド人は素晴らしい」とばっかり思っていたんです。そしたらだんだん気がついてきたのは、おばちゃんはトイレの床掃除のカースト。一番下ですね。で、あの床は、私が座れるぐらい綺麗に掃除されていたんです。自分の仕事を誇っていたから、外国人で初対面の私に堂々と「ここに座れ」と言ってくれて、私がそこに座ったから、ご飯をくれた。で、ご飯がおいしかったから半分もらってしまった。

そのおばちゃんの幸せは、トイレ掃除というカーストにいたからこその幸せなんだ。だって、あんなに貧しい暮らしの中で、不幸になろうと思ったら際限なく不幸になれちゃうんですよね。でもその中でも幸せを見つけてしまうっていうのはすごい才能。自分の境遇の中で自分なりのハッピーのなり方を見つけ

て人を巻き込んでしまうのは、エネルギッシュですごいなぁと思います。

　本当の豊かさは、そういうところにあるんじゃないかな。インドでも、上流階級の家庭に行くと、成功の道が一本しかない感じを受ける。例えば、子どもを有名な私立の学校に入れて、留学させてアメリカで働かせて、みたいな。でもスラムで面白いのは、力車のおっちゃんでも乞食のおっちゃんでも、それぞれが自分なりのすごいもの、ストーリーを持っていること。一人ひとりの楽しみ方が、ほんまにいろいろなんですよ。そこに豊かさを感じます。

　子どもたちとの活動についても、かわいそうだからやってあげるということでは、決してない。私たちも、子どもたちから力をいっぱいもらうんです。学生たちもすごくもらうんでしょうね。日本に帰ってきてから、長い感想文をもらったりもします。みんな「行く前は『危険やから気を付けや』とか言われていたけれど、行ったらほとんど笑顔だった」って。そういう経験をしているから、学生たちも行き続けることができる。

　受容とは何か、回復とは何かということは、正直、私にはわからない。受容するっていうのは、何を受容するのか? ほかの人を受容する、自分を受容する、自分の立場を受容する。回復は、本来の私に戻るっていうことかもしれない。ただ、わからないです。ハンセン病療養所の人たちを見ていると、最後まで私を否定してしまわなければいけないような、悲しい現実というのは確実にある。インドにもきっとある。日本にもきっとある。だから周りが簡単に、受容と回復、これはこうしたらいいといえるような簡単なものじゃないと思う。でも絶対に必要なものだとは思います。

　今、活動の中心は、スラムの子どもたちとの交流です。でもこの先、スラムの子と、大金持ちの子が一緒にいるような場所を作りたいと思っています。スラムでの活動にも、普通のインド人はあまりにも無関心ですよ。ステージの会場前でしているコールにも、普通のインド人は入ってきてくれない。カースト制度は、憲法上は廃止されていても、差別は根強く残っている。そして、貧富の差も大きい。

でも、だから、一緒の場を作りたい。貧乏やからといって差別しない。お金持ちだからといって排斥しない場所。それで初めてすごい教育が出てくるんちゃうかと思います。もちろん、すごい差別が起こったり、親との摩擦が起こったりするかもしれない。ものすごい怖いことになるかもしれない。でも、まだ誰もやった人がいないんですよ多分。みんな、大変なことが起こる起こるって言って脅すだけ。起こるかどうか、やってみないとわからないから、私の寿命が足りたら、やってみたい。本当にカーストの枠を飛び越えてやれるかどうか。新しい世界というのができるのかどうか。

　日本の学生も、いろんな子が混ざるのがいい。インドとかボランティアとか全然興味がない人もいたらいいなと思っています。新型コロナウィルスの感染拡大が収まったら、教室の壁に絵を描いたり、ペンキを塗ったりしようと思っているんですが、例えばその時に、芸術系大学の学生が一緒に行って、子どもと絵を描いてくれたらいいな。それが今の夢です。

(2020年8月11日)

■注
1) 第12回国会　参議院厚生委員会(昭和26年11月)における、林芳信(当時多摩全生園園長)氏、光田健輔(当時愛生園園長)氏、宮崎松記(当時恵楓園園長)氏の発言のこと。発言内容は、下記などに掲載されている。
　・愛媛県ウェブサイト ハンセン病について正しく理解するために ＞ ハンセン病の歴史1 ＞ 三園長の国会証言　https：//www.pref.ehime.jp/h25500/4404/sanentyousyougen.html
2) National JALMA Institute for Leprosy and Other Mycobacterial Diseases(国立JALMAハンセン病他マイコバクテリウム属細菌病研究所)、通称「JALMAセンター」。1963年のインド政府と日本のアジア救らい協会(Japan Leprosy Mission for Asia)の合意に基づき、1967年に設立された。

西村ゆり (にしむら ゆり)
1956年京都市生まれ。同志社女子大学学芸学部音楽学科に入学。81年、卒業と同時に京都市立呉竹養護学校 (現、特別支援学校)に勤務。82年より京都市立栗陵中学校専任講師(音楽)。83年8月から翌年8月まで西独(当時)ハンブルクに留学、声楽をクラウス・オッカー氏に師事。94年「光の音符」設立、2004年「光の教室」をインド・ムンバイに開設。10年6月、インドにおける「スラムの子ども達の自立力向上のための音楽指導者育成計画」がJICA草の根技術協力事業に採択される。同志社女子大学嘱託講師。

森口ゆたか (もりぐち ゆたか)
美術家、近畿大学文芸学部文化デザイン学科教授、NPO法人アーツプロジェクト副理事長。
美術制作の傍ら、1998~9年のイギリス滞在中に出合ったホスピタルアートの活動を日本に紹介し、これまでに数多くの病院でホスピタルアートの企画、運営、実施、監修を行う。2016年から近畿大学文芸学部に新設された文化デザイン学科に於いて「芸術と社会」の観点から後進の指導にあたっている。

# 7

# こえ、ことば、からだ、そして、うた
## ——〈たましい〉の回復について

ほんまなほ

## 01 | はじめに

　これは、あたしの〈たましい〉がこえをだし、ことばを語り、うたい、から
だをもとめて、おどりはじめる物語。物語に登場する「あたし」は、書き手本
人で、書かれている事実もほぼそのとおり。そして、回復をテーマとする物
語としてプロットが書き直された、リアリスティック・フィクションでもある。
どうしてこんな書き方をするのかって？　それは、アートもケアも、いつもひ
との生に根をはっている表現そのもので、それを表現以外のものにかえること
ができないから。その生きた経験を対象としてピン留めし、観察し、きりわけ
るんじゃなくて、表現というたえまないいとなみによって、パッチワークや刺
繍のように、〈いのち〉という一枚の布地に縫いあわされることだから。そし
てなによりも、あたしと〈たましい〉についての真実を書くことは、とほうも
なく時間のかかることで、ここで書くことはそのほんの一部をえらんで、いく
ぶんわかりやすく、ならべなおすことだから。あたしの物語は、いくとおりに
も書かれる。書くたびにあたらしく物語がうまれる。これは〈たましい〉の回

復についてのひとつの物語。

## 02 ｜ 夏のある日

　夏のある日、あたしのママは病院で息をひきとった。その10日前にママは入院していて、新型コロナウィルス感染予防のために、だれも面会できずにいた。その日、あたしの家族はお医者さんからママの病状を聞くはずだった。病状が急変したらしく、前日から意識が戻らない、と病院からお兄ちゃんが呼びだされた。その日、あたしは大学で授業をしていて、ママのさいごに立ち会えなかった。いや、お姉ちゃんもお兄ちゃんも、呼びだされたときにはもう意識がなかったから、だれもさいごに会うことはなかったのかもしれない。そうやって、ママはひとりでいってしまった。

　病院から家にもどってきたママは、庭のみえる座敷に寝ていた。パパが生前、毎日手入れをしていたその庭は、ここ10年ほど荒れ放題になっていて、木々がうっそうと繁って窓を隠してしまっていた。あたしがこの家でママにさいごに会ったとき、来年は座敷からきれいにツツジがみえるようにと剪定をしてあげた。木々の枝をおとしながら、ときおり座敷にすわるママをみる。まさか、それがさいごだとはおもわなかった。

　ほんとに寝てるようだった。お姉ちゃんがきれいに化粧をしてくれて、みたことがないくらい、シワひとつないきれいな寝顔。若いときはきれいでいつも自慢のママやった、あたしと12歳はなれてるお姉ちゃんは、口癖のようにいつもそうあたしに話してくれた。40をすぎて着飾るひまもなく酒屋をやりくりしてたママしか、しらないあたしは、若くてきれいなママをこの目でみたことがなかった。暑さでからだが傷まないようにと、クーラーでキンキンに冷やされた部屋のなかで、ふるえながらママの枕元にすわっていると、どうしようもなくなみだが溢れてくる。こえを押し殺して泣いていたら、先に帰ったお姉ちゃんから電話がかかってきた。リップをもってへんかったから、なほさんの

もってるリップをママにぬってあげてほしいんやけど。いいけど、あたしがいつももちあるいているピンクの安物のリップは、ママには若すぎるんちゃう？ううん、ピンクのほうがママに似あうから大丈夫、ぬってあげて。うん、わかった。

　あたしは、ママの枕元にすわりなおして、くちびるにピンクのリップをそっと滑らせた。つめたくなってるけど、まだやわらかい。あたしがだれかに口紅を塗ってあげるのはこれがはじめてだった。お姉ちゃんのいうとおり、ピンク色がとても映えた。88歳とはおもえない、奇跡のように若がえった顔。あたしのみたことのない、お姉ちゃんがこどものころの、自慢のママだ。ていねいにリップを重ねながら、ふと、あたしのちいさいときをおもいだす。ママの寝室にしのびこんで、三面鏡のところで、化粧品であそんで、口紅を塗ったときのこと。その口紅を重ねた触感と、同時にはげしく罪悪感をもったことを、その瞬間まであたしはわすれていた。そうだった、あたしは、化粧品やアクセサリー、そしてママのピンクのフェイクファーの襟巻きがだいすきだった。あたしはママに語りかけた。


　ママ、おぼえてる？ 16年まえ、パリに住んでるあたしをママがたずねてきてくれて、いっしょにパリの街を観光したあと、エッフェル塔のみえるアパルトマンで、編み物をしてるあたしにママが、いつもみたいに、ケッコンせえへんのか、こどもをつくらへんのか、っていったとき、おもわず、あたしじぶんでこどもうみたい、ってあたしがいったこと。ママは、そうなんか、じぶんでこどもうみたいんか、っておどろいたけど、あたしのこと、否定しなかったよね。きっとわすれてるとおもうけど。ごめんね、あたしはママみたいにおかあさんになって、こどもをそだてたかったよ。ママはなんでこんなからだにあたしをうんだのかな。あたしは、ママののぞみどおり、大学の先生にはなって、音楽もがんばってるけど、ママにはなれなかったよ…

そういいながら、あたしはなみだでグチャグチャになった。

　生まれるべきじゃなかった、まちがった人生を生きている、あたしは、ほんとうは、オンナに生まれて、愛するひとと結ばれ、結婚してこどもをうみそだててるはずだった… この想いを口にするのははじめてじゃない。2年前、あたしはママに語ったことを、ある舞台のうえで、変身のうた、という詩にしてよみあげた。その詩はあたしが書きためた、おびただしいことばからうまれたものだった。

　あたしの〈たましい〉は、くるしんでる。狂気か妄想か、あたしはずっとこころのどこかで、あたしはオトコのからだをしているけど、ほんとうはオンナで、いつか、子宮がみつかってこどもをうむことができる、不合理にもそう信じていた。そのことは、だれにも話したことがないどころか、じぶん自身にたいしても、はっきりとことばにしたことがなかった。そのことばにならないおもいは、あたしの奥深くにかたくとじこめられて、ながいながいあいだ、こえになることはなかった。

## 03 ｜ じぶんのこえを聴く

　20年ほどまえから、ひとのはなしを聴くのが、あたしのしごとになった。文字を目でおうことがじつは苦痛でしかたなかったあたしには、それはすくいだったかもしれない。目の前のひとが、なにかをはじめて語りはじめるのが奇跡のようにおもえて、それに耳をかたむけることに夢中になり、聴くだけじゃもったいなくて、詩をかいたり、うたにしたりして、いろんなひとがうたになる、ということをほそぼそとやってきた。たくさんのこえを聴いてきた。たくさんのうたができた。けれど、あたしがまだ聴いたことがないこえがあった。それは、ほかでもない、あたしのこえだった。

　ひとのココロというものは、じつによくできてる。聴きたくないこえに耳を

ふさいでいるあいだは、なにごともなくすごすことができてしまう。でも、それがたしかにあることに気づいてもいる。気づいているからこそ、近づかない。それは、かたくて透明なガラスのかべのむこうにあって、見えてるけどただそこにあるだけで、なにもきこえないし、なにもかんじない。あたしは、ママののぞんだとおり、順調に育って、大学院でまなび、運よくしごとにもつけて、大学で教える、自慢の息子になった。それはおそらく、だれもがうらやむ道にみえただろう。あたし自身、ママによろこんでもらえる、そんなじぶんでいい、とおもってた。でも、それは真実じゃなかった。

　真実は、あたしのなかで、まとまりなくバラバラとちらかっていた。ママのくちびるにピンクの口紅をひきながらおもいだした、鏡台のまえの忘れていた記憶。そのときあたしは、ママの口紅をぬるよろこびと同時に罪悪感におそわれて、二度とすまい、とおもった。ちいさいとき、いたずらであたしに化粧してオンナの服をきせて、はずかしがりながらよろこんでるあたしをみて、クセになったらあかんから、もうやめとこな、とお姉ちゃんにいわれた記憶。いえにあった丸いクッションをふたつ胸元にいれてあそぶ、というヒミツの時間。雛祭りが毎年たのしみで、長い髪と十二単にあこがれて、いつまでも雛壇のまえからはなれたくなかったあの頃。隠れて読んでいたお姉ちゃんの少女マンガの主人公が、美術室にある男性のトルソーにキスをするのをまねて、あたしも家にあった似たようなトルソーにキスをしてみたときの、そのつめたい感触。よく遊んでいた男の子の家でいつもやっていた、あたしが女の子になるヒミツのあそび。いつも近所の女の子たちと遊んでいて、彼女たちをまねて、きょうウチな…と家で話したら、ボクっていいなさい、とただされたこと。ほんとは髪をのばしたいとずっとおもってたこと…

　書いてみると、キリのないほどたくさんの、忘れられていた「あたし」のありふれた記憶たち。でも、ママ、パパ、お姉ちゃん、お兄ちゃん、そしてともだちや恋人に愛されるために、男の子になろうとした。あたしは、家族やともだちに好かれたり遊んでもらったりするために、けんめいに「ぼく」になろう

とした。「あたし」と「ぼく」はたがいにみとめあうことなく、完全にべつべつ
のものになって、隠れて少女マンガに熱中したり、男ともだちにひそかに想い
をよせたりするときをのぞいて、ココロのなかでも「あたし」がはっきりすが
たをあらわすことはなかった。「ぼく」はこの人生の主人公として、ゆるぎな
い地位を得たはずだった。

　それでも「ぼく」は、どうしてかわからないけれど、大学にはいってから
「フェミニズム」「ジェンダー」や「セクシュアリティ」というものにひかれて、
むずかしい本をたくさんよんだ。「ぼく」はたくさんの知識を身につけること
で、じぶんでもなんだかよくわからないこの「問題」について、じぶんはよ
く知っているとおもいこんだ。でも「ジェンダー」や「セクシュアリティ」につ
いて、どれだけ調べても、それについて書こうとすると、まったくなにもかん
がえられず、手も凍りついたようにうごかなくなる。なにより、かんがえたり
語ろうとしたりするとき、主語がなくなってしまう。「ぼく」や、抽象的な「私」
を主語にすると、ことばがでてこない。論文や本を書く準備をしようとしても、
どうしても書けない。やがて、「ぼく」は、書くのもかんがえるのもみんなあ
きらめてしまった。

　パリでくらした1年間だけはちがった。じぶんのアパルトマンがみつかるま
でのあいだ、お世話になったチリ人のダニエルとベルタの家で、アルコール
依存症でくるしみ、フランス語がはなせないアニータといっしょに、まいばん、
スペイン語のうたをききながら編みものをした。アパルトマンにうつってから
も編みものをつづけていたあたしは、おなかのなかの赤ちゃんのために、サ
マーセーターを編みはじめた。赤ちゃん、というのはもちろんあたしの空想。
でもそれはあたしにはかけがえのない時間だった。ママがパリにあそびにきた
ときに、あたしがおもわず口にしたのも、それだった。

　それからずいぶん年月がすぎた。日本にもどってから、いそがしさにまぎれ
て、「ぼく」はすべてをわすれた。あたらしいセンターとか学会とかをつくっ
たり、アートプロジェクトに参加したり。でも、わすれるなんて、できるはず

もない。パリにいたときにはじめて知った、からだをかえるためのホルモン治療のことが、あたまからはなれなくて、「ぼく」の目をぬすんで、あたしはいろんな情報をしらべはじめた。どうしてもからだをかえたい、というねがいがつのるあたしと、それをけっして認めず、かんがえる時間もあたえず、雄弁なことばでただおさえつけるだけの「ぼく」。ひとのはなしにはねっしんに耳をかたむけるのに、あたしのこえを聴こうとしない「ぼく」に、とにかくひとりになる時間をつくってほしい、あたしはそう祈った。そんななか、「ぼく」があたしにであえる時間がひとつだけあった。それは朝、しごとのまえにベランダでそだてているたくさんの植物たちの世話をしながら、植物たちのそばにいるときだった。そのとき、「ぼく」はだまっていて、あたしが植物たちのまえにすがたをあらわすことができた。

## 04 〈たましい〉にふれるうた

　やがて、「ぼく」は、寝るまえにあたしにであうための時間をつくってくれた。パソコンの画面をみつめて、あたしとはなそうとする。でも、「ぼく」があたしのことを聴こうとしても、うまくことばはでてこない。

　そんなあたしに、はじめてことばをあたえてくれたのは、詩だった。詩といっても、かたちなんかない。「ぼく」は、うかんでくることばを、ただただ書きつらねていった。タイトルは詩集。詩とは、あたしのこえのこと。でも、こえはなかなかだせない。はじめは、こんなことには意味はない、ほんとにそうおもうのか、といったぐあいに、書こうとすることを否定するような「ぼく」のことばばかりがうかんできて、ちっともうまくいかなかった。いつもしごとで書いているように「私」を主語にすると、理路整然と書こうとしてことばがでてこない。だれかが読んだらどうおもうんだろうとか、かんがえずに、そのときにかんじたことを、ただただ書きつらねる。それを毎日やってると、すこしずつ、ことばがことばをつれてくるようになった。書くことはあんなにく

るしくてキライだったのに、しんじられないくらい、たくさんのことばたち
がどこからかわいてくる。書くのはやっぱりつらい。でも、それまでのくびを
しめられるような、くるしさとはちがって、こわばったからだをほぐすときの
ように、いたいけど、ことばがあたしにふれて、しらないところにつれていっ
てくれる。そうやって「ぼく」とあたしの対話がはじまる。書くことではじめ
て、「ぼく」はあたしのはなしを聴いてあげられる。そして、あたしはことば
のなかでないている。それは、だれかになにかをつたえるためじゃなくて、た
だこえをだすためだけ、ただそこにあるためだけのことばだった。そしてある
とき、漢字も知識もきえさって、ほんとに詩が書けた。あたしがはじめて書い
た詩、ぼく のなかの わたしたち、はこんなふうにはじまる。

　　　ぼく のなかには わたし がいる
　　　ぼく の なかの わたし は ひとりではない
　　　いくつもの いくつもの わたし わたしたち
　　　だいすきな ひとたちの かずだけ わたしたち がいる
　　　わたしたち には こえ がない
　　　わたしたち には ことば がない
　　　わたしたち には からだ がない
　　　わたしたち には なまえ がない

　この詩はまだまだつづく。ふしぎなことに、なにもかんがえてないのに、こ
とばがポツポツとしたたるようにおちてくる。いくつもの いくつもの わたし
わたしたち。書きながら、そうなんだ、とおどろいた。「わたしは うたうのが
だいすき なのに / わたしは うたえない これは わたしの こえではない / わた
しは じぶんの こえで うたいたい」──あたしはあんなにうたうのがすきだっ
たのに、あるとき、こえがでなくなった。「ぼく は むずかしい ことばを いっ
ぱい しっているのに / わたし には じぶんを あらわすことば すらない / わた

しは ことばを はなせない」──比喩じゃない。ほんとにそうなのだ。「ぼく」はあたしのことを知らない。だから、いくら「ぼく」があたしのことをおもいだそうとしても、うまくいかない。あたしにはなまえすらないのだから。「わたしたち は ぼく のなかで はなればなれ / わたしたちが ひとつになる からだ がない / わたしに ふれてみたい / だれかに ふれられたい / わたしを みてみたい / だれかに みられたい」──こえもない、ことばももたない、からだもない、なまえもない、バラバラのわたしたち。そのわたしたちを、ひとつずつひろいあつめること。なまえをつけてあげること。そこからすべてがはじまった。

　この詩が書けたあとも、やっぱり文章を書こうとおもうと、いつもの「ぼく」がことばを支配してしまう。はじめて書いたさっきの詩も、まだ、「わたし」が「ぼく」にむかって、整然と語ろうとしている。いったん、ドレミファの音程に訓練されてしまうと、そこからずれた音をきもちわるくかんじてしまうように、何十年にもわたってしみついてしまった書きことばは、からだからひきはがすことはむずかしい。

　そんななか、あるひとのこえが、あたしをすくいだしてくれた。それは奇跡だった。2014年6月8日、自然にかこまれた場所で、何百年ものあいだ抑圧されてきた原住民の血をひくアルゼンチンの歌手、メルセデス・ソーサのうたう、マリア・エレナ・ワルシュの「蟬のように Como la Cigarra」をきいているときだった。

Cantando al sol, como la cigarra,

después de un año bajo la tierra,

igual que sobreviviente que vuelve de la guerra.


太陽にむかってうたう 蟬のように

地中で 1 年間ねむったあと

たたかいを いきのびた 戦士のように

　彼女のうたごえにさそわれて、まるで魔法にかかったかのようにことばがわいてきた。あたしはあわててそれを書きとめる。一行書くと、またつぎの一行がうまれる。それは、それまでのような冷徹な観察日記とはまったくちがったことばだった。


　　　わたしはまちがって このよに うまれてきました
　　　だれもわかってくれない
　　　だれにも いえない
　　　わたしだけの しんじつ
　　　もしこのよに かみさまがいるならば
　　　なんとざんこくな かみさまでしょう
　　　わたしはうまれかわりたい
　　　うまれかわって おんなとしてあいしたい
　　　あいされたい

　　　ずっとながいあいだ
　　　たえしのんできました
　　　いきているかぎり このくるしみと かなしさは なくなりません
　　　たのしいことも たくさんあったけど
　　　どんなにまちのぞんでも かなわないこのねがい
　　　あさめざめると このよはゆめだった とおもいたい
　　　だれもどうすることもできない
　　　わたしが たえしのぶしかない
　　　それが かみさまが わたしにあたえたしれんなら

だれも わかってくれなくていい
このうつくしい しぜんのただなかで
わたしは おんななのです
ほほにうけるかぜ
ことりたちのさえずり
おがわのせせらぎ
きぎにはんしゃする たいようのひかり
すべてがわたしを むかえいれてくれます
わたしは わたしがだれかを いうひつようはありません
わたしが どんなみかけであろうと
しぜんだけが わたしを うけいれてくれる

　この詩を書きながら、あたしはポロポロとなみだをながした。それまでは、ただ冷静にじぶんを観察するだけで、書きながらなくことなんてなかったのに、一行書くごとになみだがこぼれて、どうしようもなかった。この詩がどれだけあたしをあらわしたものなのか、じぶんでもわからない。どこかできいたような、ありふれたフレーズ。でも、この詩を書きながら、ながしたなみだはほんものだった。わたしはおんなのです——この詩を書いて、このおもいははじめてことばになった。同時にそれは、身を引き裂くいたみそのものだった。それ以来、あたしはじぶんのかんがえじゃなくて、いたみとなみだを信じることにした。その日の日記には、この詩とともに、こう書かれている。

　　うまれまちがった、というきもちに嘘偽りはない。からだは男で、こころはどうかわからないが、わたしの魂は女性であって、なんど生まれ直そうとも、魂は女性のままである…わたしの魂は女性の声でうたうのだ。

　これは、あたしのことをだれかに説明するためでもなく、あたしがなにもの

なのかを証明するためでもない。あたしが、あたしにむかってはなすことば。それが、こえであって、詩だった。あたしは、「ジェンダー」「セクシュアリティ」「トランスジェンダー」「性同一性障害」といったたくさんの知識をもってはいたけれど、それでじぶんのことを説明するのをかたくなに拒んできた。それは、だれかのためのものであったとしても、あたしのためのことばじゃない。あたしは、ことばをじぶんでつくりだす必要があった。あたしがあたしにむかってはなすための真実のことばが必要だった。そして、その真実のことばにおわりはない。それは、たくさんの詩となって、このままで、ずっとつづいてる。

## 05 | おんな踊り

　詩を書いた数週間後。佐久間新さんが大阪の豊能町で毎年やっている「カエル・オールナイト・ピクニック」に参加して、カエルのこえをきいていた。その帰りの田んぼのあぜみちのうえで、あたしは佐久間さんに、おんな踊りをならいたい、とつたえた。佐久間さんは、妻のウィヤンタリさんと、ジャワ舞踊教室を20年間ひらいている。佐久間さんとは、ジャワの芸能表現をずっといっしょにやってきて、舞台にたったり、たくさんのワークショップをやったりしてきたけど、あたしはじぶんのからだがみられるのがイヤで、ひとまえでこえをだしたり、からだをうごかしたりするのを、ひたすらにさけてきた。踊りをならいたいと口にしたときは、顔から火がでるほどはずかしく、あせをどっとかいた。夜道で顔もみえなかったから、なんとかいえた。でもそのとき、あたしはじぶんでもなにをしたいか、わかってなかった。その日のことをしめくくって、あたしはこんなふうに書いている。

　　無様でもいい、笑われてもいい、でもそれがわたしのすがた、そういう踊りを、歌を歌いたい。わたしがわたしでいるためには、わたしは必

死で努力するだろう。わたしは女にはなりきれないオカマであり、しかも年増でみすぼらしい。それでいい。

20代のころ、はじめてインドネシアにガムランをならいにいったとき。ジャワの先生にワヤンをみにつれていってもらった。ワヤンの影絵芝居のあいまには、いろんなアトラクションがはいる。そのなかで、ガムランの楽器のなかから、きゅうにピンクの伝統衣装に身をつつんだおんなのこがたちあがって、クネクネとおどりはじめ、楽士たちがはやしたてた。おどろいてみいっていると、先生が、あれはオトコノコだよ、とおしえてくれた。それをきいて、あたしのむねはなぜだかキューッといたんだ。そのときはいみがわからなかったけど、そういうことは、それからもたびたびあった。

あたしはこのからだをうごかすこと、それがひとにみられることが、だいきらいだった。インドネシア、ジャワのガムラン演奏グループにはいって、たくさんの舞台にたち、古典音楽から現代作品、パフォーマンスに出演する、音楽家として人前にたって表現する、また、大学教員として教室やシンポジウムで話し、哲学者として対話の場をひらく。そのすべてで、あたしは、このオトコのからだがみられ、こえがきかれることを、恥じなければいけなかった。舞台衣装や、おきにいりのコムデギャルソンの鎧で身をつつんでも、それはけっしてきえない。どんな評価もうれしくない。評価されればされるほど、むなしくなる。写真やビデオに記録されたじぶんの姿をみればみるほど、それはじぶんでない、と目をそむけたくなる。あたしのまなざしは、そこに写っているあたしの姿をとおりこして、そこにはいないだれかをみている。ずっとそうだった。

そして40歳をすぎ、はだのたるみくすみなど、老いを肌身にかんじるようになり、それまでなんとか中性をよそおってきたじぶん像のほころびが、いよいよ目につくようになり、いよいよオジサン化していくからだをまえに、あたしはオバサン、いや、もっとすすんで、おばあさんになりたい、とおもった。ジャワで女性舞踊がもてはやされるのは20代前半まで。でもベテランのおん

なたちは歳をへてもあじわいふかい踊りを探求しつづける。まったくのしろう
とで、うごかしたことのないカチカチのからだで、骨ばってヒョロながい、な
にひとつオンナとしての魅力のないからだ。それでもおばあさんになるまでに、
すこしは踊れるようになるかもしれない。あたしはじぶんのからだをさがす旅
にでた。

　だれにもみられたくないので、自宅の家具をうごかして場所をつくり、ヒミ
ツのレッスンがはじまった。ほとんどうまれてはじめて、からだをうごかすよ
うなものだから、とにかく必死だった。ほそながいからだをちいさく見せよう
と、ちぢこまってまえかがみにゆがんでしまったからだは、まったくいうこと
をきかない。まっすぐたって胸をはるだけでもたいへんで、はずかしくてすぐ
にもとの姿勢にもどってしまう。1時間ほどの準備のうごきをおえてから、す
こしずつ、おどりのふりをくりかえしてからだにしみこませていく。おんな踊
りか、おとこ踊りかなんて、それどころじゃない。からだは痛くてつらく、な
かなかからだにはいらない。はじめての曲をおぼえるのに、3年はかかっただ
ろう。それでも、バティックを腰にまき、途中までガムランの演奏にあわせて
踊るようになるころから、踊りながら、なんともいえないここちよさをかんじ
るようになった。みにくいじぶんのからだのことよりも、どうやったらもっと
うつくしくうごけるのか、うごくことそのものに集中できるようになってきた。
踊れば踊るほど、もっとうつくしくうごきたい、というきもちがつのってくる。
あたしのからだが踊っているんじゃなくて、踊りがあたしのからだをうごかし
ている。ひとつひとつの楽器やこえのひびきが、からだのなかにしみとおって
きて、長年演奏してきたガムランの、水がながれるようなあの感覚が、踊りの
なかにもかんじられるようになってきた。なにより、おんなの身振りをからだ
の奥ふかくにしずめていくのがここちいい。わかいころは、あんなに敵視して
いた"オンナらしい"ふるまい。それをだれかにおしつけられるんじゃなくて、
じぶんでえらんで、じぶんのものにしていく。それは快感だった。

　踊りをならいはじめて1年くらいたったころ、家でのレッスンのあいまに、

佐久間さんにお茶をだしながら、あたしはじぶんの胸のうちをあかした。——あたし、オンナになりたいんです、女性ホルモンの投与をはじめて…。おんな踊りをならいたいとおもったのは、そういうわけなんです。そのころから、あたしはおんなともだちにすこしずつ、じぶんのことをはなしはじめていたけど、おとこのひとにうちあけるのははじめてで緊張した。——学生時代からの長いつきあいやし、ほんまさんがおとこらしさを毛嫌いしているのはわかってたけど、まさかそこまでおもってるとは気づかんかったなぁ…。佐久間さんはそうこたえた。——じぶんでもそうなんです、あたしはずっとだれよりもじぶんをあざむいてきたんです。だから佐久間さんがおどろくのもむりはないですよね。むかしはアタマがかたくって、おんならしさや、おとこらしさを表現する、ジャワの女性舞踊や男性舞踊はすきになれませんでした。おんなを品定めする、おとこの視線もいやでしかたなかった。そんなあたしが、いまはなぜか、おんならしさを身につけたいって、おもってるんですよ。フツーのオンナなら、この歳になったら、ぎゃくにオンナをすてて自由になれるはずなんですけど。

## 06 ｜ こわれてしまった「ぼく」

　女性ホルモンの摂取で、ホルモンバランスが急激にかわって、心身の変調がはげしく、あたしはとても不安定になった。脂肪が急激にふえて、いっきに10キロ以上からだが重くなり、かわりに筋肉がへって、ちょっとしたうごきがつらくなってくる。いつもの階段をあがるだけで、ハアハアいうようになり、まわりのひとにあきれられる。ささいなことで、からだが火照って、大量の汗をかくようになる。筋肉がへり、からだのバランスがかわったせいで、それまでできていたうごきができなくて、踊りもフラフラするようになった。なによりも、感情のゆれうごきがひどく、しごとがおわって家にかえると、ベッドのなかでいつも泣いているようになった。そのうえ、日記のような詩をブログに

公開して、じぶんに「なほ」というなまえをつけ、あたしのおもいをことばにし、ずっと書くのをつづけているうちに、あれほどあたしをおさえつけていた「ぼく」はついにこなごなになってくだけ散り、それまでたしかにあったはずの、オトコとして生きてきたはずの過去は、まとまりのないバラバラの破片になってしまった。

　こころのなかの、かたいガラスがこなごなになった。オンナとして生きたいというおもいは、あたしの人生のなかをチョロチョロとながれる小川のようだったはずなのに、想像をはるかにこえるいきおいであふれてきて、洪水みたいにあたしをいっぱいにした。「ぼく」とあたしが対話をして、共存していくはずだったのに、「ぼく」はあたしのおもいの莫大なエネルギーにおしつぶされ、崩壊してしまった。「ぼく」はとうめいな防波堤だった。いちど決壊した堤は、すさまじいおもいの激流にのまれてあっというまにながれさってしまった。あたしにのこされたのは、バラバラに散らばった記憶、ホルモン治療によってはかわらない、この骨ばったからだ、ひくいこえ、みについてしまったクセ、もうじぶんのものとはおもえなくなった、親からもらったなまえ。あたしは、いきなりだれかほかのひとの人生を、かわりに生きているようなここちになった。しごとでは、かわらずそれまでのなまえで、それまでとおなじように演技をつづけなければならない。家でひとりでいるじぶんと、しごとをしているじぶんとが分裂して、あたまがどうかなりそうだ。なぜだか、あたしはあたしじゃないひとの記憶をひきうけ、そのひとがやっていたしごとをつづけ、そのからだをうごかしてる。あたしは、まだ生まれたばかりで、ことばとか、あるきかたとか、やっとおぼえはじめたばかりなのに。

　かなしさと絶望のうみのなか、本をひらいてもなにも目にはいらない、なにもかんがえられずなにも書けない、ひとの話をきいていてもなにもきこえない、音楽がまったく耳にはいらない、楽器にさわれない、かわいいもの、きれいなものをみても、なんにもかんじない… そんなあたしをたすけてくれたのは、なやみをうちあけることのできたともだち、ソーサのうたごえ、詩を書く

こと、そして、ジャワ舞踊だった。ジャワ舞踊はどんなにきもちが不安定でも、とにかく毎週、やすまずにつづけた。ひとつの踊りをようやくおぼえたころから、ひろい場所で踊りたくなって、ほかのおんなたちといっしょに、レッスンを受けるようになる。しごとではあいかわらずオトコとしてだれかべつのひとを演じていても、レッスンでおんなたちといっしょに踊っているあいだだけは、あたしはあたし自身でいられた。ほかの時間はまったく、こころをひとつにできなかったのに、踊っているあいだだけはあたしはひとつでいられる。レッスン場の鏡にうつったあたしは、ほかのひととくらべて巨人みたいにおおきく、肩幅もひろく、胸もペタンコで、おしりも小さい。いつもそれをみるたびに、なさけなくてかなしくなる。でも音楽がはじまって踊りはじめると、あたしは踊りのなかにはいっていって、そんなことはどうでもよくなる。からだはかわらないが、踊りを練習したら、それだけうごきはすこしずつなんとかかえられる。かえられるものと、かえられないものを見きわめる、そういえば、そんな哲学者のことばがあった。あるとき、舞踊公演の受付のおてつだいをしていたら、となりの日本舞踊の生徒さんから、背がたかくっていいですね、舞台でよく映えるからとくですよ！っていわれて、そうか、そんなこともあるんだ、と感心した。

　性別をかえて生きること、性別移行をとりまく状況はむかしとくらべておおきくかわった。1990年代後半までは、ゲイやレズビアンといった「性的指向」のちがいとごちゃごちゃになっていて、あたしも10代、20代とじぶんがゲイかバイなんだろうとおもいながら、なづけようのない、このふしぎな感覚とつきあっていかなくてはならなかった。オトコをすきになっても、オンナをすきになっても、どっちにしてもじぶんをオトコとはおもえない。でも、まわりからもとめられるように、このからだ、こえ、なまえにあわせて、「ぼく」を生きていかないといけない。学生時代から、髪をながくのばし、耳にピアスをあけて、ピンクや花柄の、オトコでもオンナでもないようなかわった服をきて、「ぼく」は「そういうひと」っていうポジションでなんとかいれた。ガムランの

現代作品を演奏する大きな舞台にたったとき、長い髪をひっつめて、化粧をし、ピンクの衣装をきたら「スーパーモデルみたい!」っていわれて、調子にのったこともあった。大学で教えるようになってからも、すきなかっこうをつづけることができたから、まわりからは、「オトコでもスカートがおにあいですね」「ピンクがよくにあってます」「自由でいいですよね、そのままでいてください」といわれてきた。そういわれて、「ぼく」はにがわらいするしかなかった。ちっとも自由じゃない。オトコでもオンナでもない場所は避難所ではあっても、一生そこにくらせる居場所にはならない。

　2000年をまたぐころから、「性同一性障害」という診断名がひろく知られるようになって、まわりのひとが口にするようになる。そのまえから、「ぼく」は本をよんで、「トランスジェンダー」とよばれるひとたちのことや、「同性愛」や「性転換症」が病理としてあつかわれてきた歴史について、ひととおり知識はもっていた。フクザツなきもちだった。同性をすきになることがフツーでないよのなかで、じぶんがビョーキであることを医者のまえで証明しないことには、性別を移行できないという不条理に、なぜだか反発した。

　ジェニー・リヴィングストン監督の映画『パリ、夜は眠らない』(1992年)でしられるように、1980年代のニューヨークのアフリカ系アメリカ人や移民たちのまずしいコミュニティで、「ボールルーム・カルチャー」とよばれる、なりたい理想のすがたになって競いあうパフォーマンスがくりひろげられていた。ドラァグ、ときくと、ケバケバしい衣装と化粧できらびやかにおどる商業化されたドラァグクイーンのことをおもいだすひとがほとんどだろう。でも、このボールルームでは、人種や性的指向、性別にかかわりなく、「白人のエグゼクティブ」など、けっしてなることのできない理想のすがたになりきって、ひとは生きるために踊る。黒人であること、ゲイであることを誇りにおもうとか、アイデンティティをもつとか、カンケイない。ただ生きて自由をかんじるために踊る。あたしは伝統衣装に身をつつんでジャワのおんな踊りを踊っていても、じぶんがオンナをまねているとか異性装をしているとかといった感覚はまった

くない。「ジェンダー」のパロディに興じているわけでもない。むしろあたしの踊りは、このボールに出演する感覚にちかいだろう。踊りをならいはじめて4年目くらいに、佐久間さんから、舞台にたちましょう、とすすめられて、あたしはとてもあせった。ひとまえで踊ることを目標に踊りをならってきたわけじゃなかった。ただ、踊りをならっているときのじぶんが、いちばん居心地がよかっただけだ。ひとまえで踊るとなると、じぶんがどうみえてるかとか、うまくないとか、歳をとってみにくいとか、また、あたしをくるしめるいろんなことがおしよせてくる。あたしはまよったけど、けっきょく、舞台にたつことにした。あたらしく、クバヤとよばれるスケスケの伝統衣装をジャワでみつくろってもらって、ウィヤンタリさんに着付けとお化粧をしてもらって、ちいさな催しだったけど、照明をあびるなか、なかまたちにならんでジャワの女性舞踊をおどった。

　舞台にたつまえに、ひとつだけ、やっておきたいことがあった。あくまでもきもちのモンダイかもしれないけど、どうしてもオトコではないからだで舞台にたちたくて、お世話になっているクリニックのセンセに相談し、病院を紹介してもらって、ごくかんたんな手術をうけた。待合室と診察室、手術室しかない、ちいさな美容形成外科で、術後にやすむ病室もない。いろんな準備がまにあわなくって、けっきょく、舞台の2日前にあるいて手術をうけにいって、いたみをこらえながらあるいてかえってきて、つぎの日もあさからしごとでたちっぱなしで、やすむひまもなく、ろくに眠ることもできなくて、いたみどめをのんで術後のいたみにたえながら、翌々日に舞台化粧をして、髪を結い、バティックを巻いて、舞台袖にたった。音楽がはじまる。ゆっくりとひかりのなかにはいっていく。すると、もういたみとかどうでもいいくらい、しあわせなきぶんにつつまれ、ひかりをあびながら踊っているのが至福のときにかんじられた。音楽がおわってほしくない、ずっとずっとこのまま踊っていたい。そう心底ねがいながら、踊った。おわって舞台をさっていくのが名残おしい。みたことのない、いい表情をしていた、あとで佐久間さんにそういわれた。あたし

があたしのままでいることで、なにかを表現できるということに、はじめてふれた瞬間だった。

## 07 | 変身のうた

　佐久間さんは、あたしがおんな踊りをならってるのを、いろんなひとにいいふらす。まあいいけど。隠してるわけじゃないし。佐久間さんのともだちで、振付家の砂連尾理さんといっしょに、あたしは大学で身体表現の授業を数年前からはじめた。その彼に目をつけられ、「なほさん、いま踊りどきですね」とわけのわからないことをいわれるようになった。あたしが詩を書いてることをはなすと、彼は目を輝かせながらこんなことをいった。いま父が病を背負いながら、どんどんちがうすがたになっていくのをみてとまどっている、それについてかんがえたくて、グレゴール・ザムザが毒虫に変身するのをモチーフにダンスの舞台をつくろうとしている、そのなかで、なほさんがいま経験している変身についての詩をよんでほしい。あたしはそれをきいて、まよった。あたしはじぶんのからだをさがしているし、からだをかえたいとおもってるけど、変身してるわけじゃない。変身とかいわれたくない。そうおもいながらも、これはあたしにとって、チャンスかもしれないと予感した。たしかに、あたしはいまのままではくるしすぎて、そこから脱したい、ともおもってる。舞台で詩をよむことでなにかかわるかもしれない。——わかりました、やってみます。いまのなほさんのきもちを、そのまま詩によんでくれたらいいから。はい。

　あたしは、2016年からはじめた、じぶんのブログにたくさんの詩を書いていた。じぶんのパソコン上のファイルじゃなくて、だれでも読めるブログに書くことに、かなりとまどいもあったけど、もう、これからはなにもかくさずに生きていこうとおもった。2016年8月9日「あたしのビョーキ」というタイトルで、あたしは、パリでのママとのやりとりにふれながら、いままでどうしても書けなかったおもいを書いた。

…うまくいえないけど
いつも どうしようもなく あたしだけ とりのこされた きがする
その感情の淵を のぞきこんでみると
おどろいたことに
ドロドロした シットのマグマが うごめいてる
じぶんでも
みとめられない
しんじられない

でも
しあわせそうに あかんぼうを だいている 女性をめにするたびに
おなじような マグマが あたしのむねで グツグツしだす

とにかく ショックだった
あたしが こどもがほしい なんて おもってるなんて
じぶんで うめるわけ ないのに
しんだって こどもをうめる からだに なることは できないのに
どうしてまた そんな のぞみを もってしまったのか
このことが あたまに うかぶだけでも
なみだが あふれてきて なにも かんがえられなくなる

あたしは これを ビョーキと よぶことにした
あの マグマがうごきだすと
また ビョーキが はじまった とおもうようになった
…

こどもをうんでお母さんになりたかった……これだけはしりたくなかった。ほんとにサイアクだった。からだをかえたい、おっぱいがほしい、そういったおもいは、すべてここにつながっていた。にえたぎるマグマのなかでもだえるあたし、あみものでつながるあたしとママのきずな、こどものように愛していた犬のマメとの別れ、パパをおくったこと、けっしてそうなることのできないからだへの執着、若くてきれいなトランスたちへの嫉妬、こういったどうしようもないおもいをつづったいくつかの詩を「変身」をテーマにひとつの詩に書きなおして、「変身のうた」を砂連尾さんにおくった。砂連尾さんからはすぐにOKの返事がきて、この詩をこえにだしてよみながら、グンデルというガムランの楽器をひびかせ、さいごに詩のないうたをうたうことにきめた。グンデルのひきがたりは、想像をこえてむずかしかった。詩をよむときは、ことばのひとつひとつがえがきだす光景をおもいうかべながら、こえをださなきゃならない。それだけでもむずかしいのに、手ではBGMにならず、詩をじゃましないで、ながれる音の世界をつくらなきゃならない。うたの伴奏ならひけるけど、独立したふたつの音の世界をひとりでつくるのはたいへんだ。それどころか、詩をよんでると、かならず途中でなきだしてしまって、さいごまでよめない。舞台では、ほんとうに泣くんじゃなくて、泣いているようにきこえるこえを演じなきゃならない。そして、いちばんのなやみは、かんじんのこえだった。あたしは、またセンセに相談して、ボイスクリニックに通い、たかいこえをだす練習をまいにちした。あたしはもともと、努力とか練習とかがすきじゃなくて、いつもなんとなくでごまかしてきたけど、そのときはほんきでまいにち練習した。詩をよみあげたあとは、グンデルをかなでながら即興でうたうことにした。でも、楽器をさわれなかった期間がながく、手もうごかないし、おもうようにこえもでない。砂連尾さんに録音をおくると、そのよわよわしいこえがいいんです、さいごのうたのところで佐久間さんに踊ってもらいます、と返事がかえってきた。

　公演は松本と東京の二回。学生さんと募集された一般のメンバーが出演する。

2018年の7月の信州大学では、西日本豪雨のために到着が7時間もおくれてしまい、公演の直前まで、どこでどうやって詩をよむのか、わからず、どたんばのリハーサルでようやく、さいごにあたしのうたを背景に、佐久間さんのもつ仮面を先頭におおきな竜がうごめくことがきまった。あたしのもうひとつの役は、詩をよむまえに、学生さんとふたりではなしながら、たがいの顔にもようをかいていくこと。相手の女性はあたしのおかあさんになりたかった、ということばをもとに、あたしに質問しながら、みぎほほに精液のしろ、ひだりに経血のあか、それがであってまんなかでピンクになる、という絵を顔にかいてくれた。そっか、あたしの顔は子宮になったんだ。あたしがはらんだのは、毒虫だったけど。そのペイントをしたまま、くらい舞台であたしの詩がはじまった。はじまったとたん、あたしのパフォーマーとしてのスイッチがはいって、ある役を演じきるふしぎなおもしろさがどこからかわいてきた。あたしの経験は物語になり、あたしは物語をよみ、演じる役者になった。あたしはみにくい / あたしはみにくい / … / じぶんの毒でのたうちまわる / みにくい虫になってしまった、という詩のところで、おおきな竜がモゾモゾとうごきはじめ、あたしのかぼそいこえがたよりなくひびくなか、ゆっくりと舞台からさっていった。あたしのにえたぎるマグマのくるしみも、さってほしいとねがいながら。

　翌2019年2月、立教大学での公演は、佐久間さんが演出・振付する公演、『だんだんたんぼに夜明かしカエル』の神戸公演とたまたまおなじ時期にかさなってしまった。その夜のシーンで、いっしょに出演する山口広子さんと「おかあさんのうた」をうたうことになり、そのためにうたの練習をかさねてきたために、こんどは砂連尾さんに、あたしのこえがとおりすぎる、ってケチをつけられた。あの、よわよわしいなほさんのこえがよかったんだけど。ええっ、そんなこといわれても、もうあのころにはもどれませんよ。砂連尾さんにいわせると、パワーアップしてしまったあたしのこえが、作品のなかでめだちすぎるらしい。そこで彼は、ダンサーやミュージシャンを配置して、あたしの朗読とどうじにいろいろやらかすことにした。リハのとき、あたしが詩をよんでる

ときに、ドシドシとダンサーたちがはしりまわるのがウルサくて、砂連尾さん
に抗議した。そんなんじゃ、詩なんてよめませんよ。とても詩に集中なんかで
きない。でも、なほさんが中心にきすぎるんです。振付家としての彼の判断は
ただしい。この作品はあたしの妄想をきくための場じゃない。それはわかって
るけど、せめて、あたしはじぶんのやることに集中したい。ダンサーがなにを
やろうとかってだけど、音だけはカンベンしてほしい。

　きわめつけは、またあたしとある女性とが、おしゃべりしながら、おたがい
の顔にペイントしてるときに、じっさいにこどもがいるダンサーが出産シーン
を演じる、という演出だった。これには、正直まいった。こどもをうみたかっ
た、というパフォーマンスとこどもを産むパフォーマンス、そして、あたしの
こえをきこえにくくさせるいくつものハプニング。本番では、あたしが、いち
ばんよむのがしんどい、こどもをうんでおかあさんになりたかった、というセ
リフをいうとき、ダンサーのうごきにあわせて、ミュージシャンがプープーと
ラッパをならした。なんとか、ほかに気をとられないように朗読と演奏に集中
し、ヘタな演技でなんとかあたし自身を演じきろうとしてたときだった。その
音をきいて、あたしのこころは、宇宙のかなたにすーっとひいていって、じぶ
んのしてることが心底ばからしくなった。あたし、なにしてるの？もうやめよ
う、こんなことは。

　暴力的な演出。すくなくともあたしにとってはそうでしかなかった。アフ
タートークで、みていた女性のひとりが、出産シーンはオンナとしてみるにし
のびなかった、とコメントした。そりゃそうだろう。オンナが演出したら、あ
あはしなかっただろうし、したとしても、またまったくべつの意図で、ちがっ
た結果になっただろう。あたしは砂連尾さんの共感的じゃない演出にただこと
ばをうしなったが、すべてがおわってから、それでよかったとおもうように
なった。たしかにそこは、トランスジェンダーのピアのあつまりでもないし、
トランスのかかえるくるしみについてトランスじゃないひとが理解をふかめる
ための場でもない。しかも、こどもをうみたかった、なんて、どうしようもな

いことを、せつせつとうったえられたところで、それをどううけとめよ、というのだ。あたしはそうやってふっきることにした。もう、「変身のうた」の役割はおわって、あたしはさきにあゆまないといけない。それが砂連尾さんからのメッセージだとおもうことにした。あたしは、そこにとどまっていてはいけない。

　おかあさんになりたかった、と語るあたしと、おかあさんを経験する女性による出産の演技とがとなりあわせになる暴力的な構成は、暴力なんだろうか。じつのところ、あたしにとってはそのとなりあわせは、日常そのものなのだ。舞台上の演出ならば、そうじゃないもっとおだやかな状況をつくれるかもしれない。でも現実はそういかない。ただ、うめるオンナとうめないオンナがいる。それが現実。もし、舞台をみるひとがそこにやりきれなさや、いたみをかんじたならば、それは結果として、現実そのもののいたみを表現していることになるだろう。暴力的な表現と暴力そのもののちがいはどこなのか。あたしにとっては、この現実こそが生きることをむずかしくさせる暴力だ。そのどうしようもないちからにあらがうために、あたしはたちどまってはいけない。それを表現にかえていかなくちゃならない。

## 08 ｜ おかあさんのうた

　佐久間さんの公演で、たんぽぽの家<sup>1)</sup>のメンバーの山口広子さんとあたしは、おかあさんのうた、をうたった。作品制作のなかで、あたしは広子さんに、いっしょにうたをつくりましょう、ってあたしの変身のうたをわたしたら、その次の週には広子さんは、かえしうたとして、おかあさんのうた、を書いてきてくれた。みじかい詩のなかに、おかあさんへのおもい、障害をもつやしさ、いえなかったきもちが、みごとに表現されていて、すごくうれしかった。それを1番の歌詞にして、2番をあたしがさらにかえしてうたうことにした。広子さんの歌詞は、こんなむすめを　うんでくれて　ありがとう、ではじまり、あ

なたの子供に　生まれてよかったよ　ありがとう、をくりかえしておわる。あ
たしは、どうしてもママに、ありがとう、がいえなかった。あたしの歌詞は、
うまれてきたけど　よかったのかな、って疑問でおわる。グンデルで伴奏をつ
けて、曲はほとんど一瞬でできあがった。ありがとう、のところは広子さんと
いっしょにこえをだす。舞台のうえでうたったとき、あたしははじめてだれか
と、すごくたいせつなことをいっしょに表現できた、とかんじた。広子さんの
きもちが、あたしのなかにながれこんできて、むねがいっぱいになった。

　けっきょく、ママにありがとう、っていえないうちに、ママはいってしまっ
た。6年前にパパをみおくったときは、ありがとう、って、なんどもなんども、
こころのなかでさけんだのに。お葬式の前日、しごとをおえて、身もこころも
からっぽになっていたあたしは、真夜中にふとおもいたって、3番目の歌詞を
つくってお葬式でママのまえでうたいたい、とおもった。


　　ちいさいときママは　夕方に　御用聞きをして
　　だいどころの　あとかたづけして　帳面をつけたあと
　　ピアノコンチェルトの　テープききながら　あみものをして
　　いつも　あたしに　ほんを　よんでくれた
　　ママは　つかれて　コックリコックリ　してたよね


　　ほんとうはあたし　ママみたいに　こどもを　ひざにのせて
　　あみものをして　うたを　きかせたかった


　　ピアノ　ききながら　あんで　あげるよ
　　こども　みたいな
　　ママのために
　　ママのために
　　ママのために

ママはしごとはできたけど、ほんとにこどもみたいなひとで、お姉ちゃんや
あたしをきずつける、こころないことばを、いっぱいきかされた。ママときも
ちをつうじあわせることなんて、ほとんどなかった。ふつうにはなしができる、
ともだちのおかあさんが、すごくうらやましかった。ママをにくんだ。そして、
さいきんになって、それがママのかえられない特性なんだ、とやっと気がつい
た。ママにやさしくできなかったじぶんを後悔した。それでも、なきながら歌
詞を書くとき、どうしても「ありがとう」っていえなかった。むしろ、あたし
は生まれてくるべきじゃなかった、どうしてこんなあたしをうんだのか、って
ママにいいたかった。お葬式には、佐久間さんもきてくれて、さいごのお経が
おわって、あたしがグンデルをひきながらうたっているあいだ、ママのために
しずかに舞ってくれた。ママのために、とうたう、さいごのさいごで、ようや
くあたしのなかから、ありがとう、がでてきた。あたしはなみだごえになりな
がら、ありがとう、ってうたった。
　生きることにイエスというのはむずかしい。イエスということは、生きるこ
とを、ただうけいれることじゃない。生きることで、生きることにあらがいな
がら、生きることを表現しなくちゃならない。あたしは、あたしのこえ、あた
しのことば、あたしのからだ、あたしのうたを、さがしもとめることで、生き
ることにあらがい、生きることをかえ、生きることを表現してきた。それはす
べて、あたしの生きることの表現だった。こどもをうんでおかあさんになるこ
とだけがオンナの生き方じゃない、ともだちになんどもいわれた。そんなこ
と、あたしだって百も承知してる。お姉ちゃんやともだちが、こどもをもたず
に、すばらしい人生をおくってることを尊敬してる。それでもくやしいことに、
かわりはない。「異性愛」規範にしばられず自由でいるべき？おかあさんにな
るのは、「異性愛」「非異性愛」にカンケイない。いろんな理由で、おかあさん
になれないひと、なれなかったひとがいる。おかあさんにならないことを選択
したひとと、選択そのものをうばわれることはちがう。でも、そんなギロンは

たくさんで、くるしいことをくるしい、といいたい。愛おしいものをただ愛おしいと、いいたい。こんなあたしが生きていていいのかって、ただをさけびたい。

　ひとの人生がアートの表現とかさなるとき、なにがおこるのか。そのさかさまに、ひとの人生ぬきに、アートの表現とはなんなのか。すくなくとも、あたしにとってそれは、あたしのものではない、このからだ、このこえ、このことば、このうたを、あたしのものにするための、〈たましい〉の表現として必要なもの。〈たましい〉とは、あたしたちのくるしみ、かなしみ、よろこび、いかり、そのもの。その〈たましい〉は、あたしのものだけじゃなくて、ママの、うまれるはずだったあたしのこどもの、そしてすべてのこどもたちのものでもある。あたしは詩を書き、うたい、おどるなかで、そういった〈たましい〉にふれる。あたしは、ずっとそこにとどまることはできないけど、これからも、うたやおどりによって、なんどもなんども、それにふれつづけるだろう。あたしは、あたらしいうたや踊りをつくっていくだろう。それがあたしの、あたしたちの、こえであり、ことばであり、からだであり、うただから。

■注
1）アートやケアをテーマとしたプロジェクトを行う「一般財団法人たんぽぽの家」、障害のある人や子ども、高齢者などへ福祉サービスを提供する「社会福祉法人わたぼうしの会」、運動を支えるボランティア団体「奈良たんぽぽの会」の三つの組織が連携をしながら運営を行っている。社会福祉法人わたぼうしの会が運営する「アートセンター HANA」では佐久間新さんによるダンスワークショップ「ひるのダンス」が月2回行われている。

ほんまなほ
大阪大学 CO デザインセンター教授。ガムラン奏者・パフォーマー。ダルマブダヤ、マルガサリのメンバーとして、ジャワ伝統音楽から新作まで幅広いレパートリーによる国内外での演奏に出演。現在はジャワ舞踊をまなびつつ、歌、詩、踊りなどの共同創作に取り組むほか、砂連尾理、佐久間新の演出する舞台作品にてパフォーマンスを行う。また、臨床哲学を軸に、哲学プラクティス、対話、こどもの哲学、フェミニズム哲学、さまざまな背景をもつひとびとが参加する身体・音楽表現についての教育研究を行う。共著書『ドキュメント臨床哲学』、『哲学カフェのつくりかた』『こどものてつがく』ほか、『アートミーツケア叢書』監修。

# 対話を通して人は変わる
## ——受刑者、元受刑者の社会復帰を支援する

五十嵐弘志（NPO法人マザーハウス理事長）

聞き手：
笠原広一（東京学芸大学教育学部准教授）

## 01 ｜ NPO法人マザーハウスの活動

　NPO法人マザーハウス（以下、マザーハウス）は、受刑者、元受刑者の社会復帰を支援するNPOです。実は、僕自身も、元受刑者です。その自分の経験から、受刑者が再び社会で生きることの難しさも知っています。だからこそ、当事者視点・当事者体験に基づく活動を目指しています。と言っても、どんな難しさがあるのか疑問に思う人がほとんどだと思います。再犯してしまうのは、元受刑者本人の問題だと思われることも少なくありません。

　そこで最初に、受刑者・出所者をとりまく社会課題について、少しお話ししたいと思います。例えば、マザーハウスのウェブサイトでは、受刑者・出所者をとりまく社会課題として、以下のようなことを挙げています。

1. 出所後の公的な社会復帰支援の不在
2. 住居の確保
3. 居場所づくり
4. 心のケアと就労支援

刑務所等からの出所後、社会復帰に向けた公的な支援は、実はほとんどありません。受刑中の作業報奨金はわずかであり、お金も住居もない状態から社会復帰を目指さなければなりません。すぐに家を借りればいいと思うかもしれませんが、東京都内の場合、家を借りるには少なくとも数十万円が初期費用として必要となります。生活保護を受けたとしても住居手当は後払いとなるため、賃貸契約時には立て替えなければなりません。この立て替えができない。連帯保証人も見つけられないことが多いです。こうした状況からもわかるように、元受刑者は、出所しても社会での居場所がなく、孤立しています。さらに様々な精神的・身体的な混乱を抱える人もいます。刑務所での暮らしと社会の暮らしがあまりにかけ離れているからです。一人で社会復帰をがんばろうとしても、困難に直面した時に元の悪い仲間を頼らざるを得なくなり、再犯に至ってしまうケースは珍しくありません。

　一人で社会復帰をすることはできない、社会復帰には支援が必要という思いから、マザーハウスは活動を始めました。具体的には、逮捕・留置・拘置中は、面会や相談等を受けています。また、受刑中は、文通プロジェクト<sup>1)</sup>、フランシスコ事業<sup>2)</sup>（書籍の検索購入代行）などを行っています。出所後は、社会復帰支援として、住居支援、生活保護申請、生活相談、当事者ミーティング、カウンセリング（心のケア）、After Prison Support 研究会<sup>3)</sup>等を実施しています。さらに、就労支援（便利屋業）も行っています。

　2018年には、活動拠点としてコミュニティスペース「マリアカフェ<sup>4)</sup>」をオープンしました。マリアカフェのスタッフは元受刑者です。元受刑者たちが、この場所で、地域の人や色々な人と触れ合うことで、孤立を防ぎ、犯罪から遠ざかることができるようにと思い、始めました。様々な相談事を受ける、相談室としても使っています。一般的なカフェではありませんが、コーヒーも100円で提供しています。

　では、どうして、私が受刑者となり、出所し、マザーハウスを始めるに至ったのか。少し遡ってお話ししてみたいと思います。

## 02 | 生まれて初めて刑務所へ

　覚えているのは、中学2年生の時のこと。両親が離婚して、色々あって。一番近くにいる家族に信じてもらえなかった。いとこが僕と同じ下敷きを持っていたのですが、その下敷きがなくなった時に、僕が盗ったと言われたことがありました。おじさん、おばさん、お袋、おばあちゃんにも責められて。必死に「僕は盗っていない」って言ったんですが……。結局、10日ほど経って、その下敷きは出てきました。でも誰も、悪かったとは言わず、なかったこととしてスルーされている。「家族って何なんだろう?」と思ったのを覚えています。

　家族に居場所を感じられなかったんですね。それで家族以外の世界、外の世界に居場所を求めるようになった。夜遊びに行ったり、先輩や、悪さをやっている連中のところに溜まったり。それが最初。まぁそれは僕にとって悪いほうの出会いですね。寂しさとか、苦しさとか、家族に対する不満とか。まだ若かったので、簡単にいうと非行という形で、そういった感情を共有していました。

　例えば、お腹がすいたと。でもみんな料理が作れるような年齢ではない。当時は、コンビニはまだなくて、パンのメーカーのお店の前に、朝、パンが置いていかれるんです。それをみんなで盗んじゃう。お腹が減ったらそれをやる。それがエキサイトしてくると、今度は無免許運転。バイクを直結してチョロまかしたりとか、先輩の車を運転したりとか。そこでは同性だけでなく異性にも出会います。そうすると今度は異性との関係が出てきますよね。愛したいとか愛されたいとか。女の子たちと関係を持って、愛情や欲求が満たされないと、また次という感じでした。

　少年時代に、少年院とか鑑別所に行った人は、なかなかそこで終わらないんですね。次が、成人刑務所や少年刑務所になっていく。自分の場合も25歳の時に検挙されて、刑務所っていうところに生まれて初めて行きました。

　行ったら、いきなり「気をつけ! 礼!」て、行進させられて。「これって何な

の???」っていう感じですよね。手の位置とかまで全部決められて「前なら
え!」とか。刑務官が上司に何か報告するのも、ものすごい気合で。目の前に
いるんだから、敬礼して人員報告とかする時だって、普通の声で言えばいいと
思うんですよ。でも、そうじゃない。もうねえ、怒鳴るっていうか、気合を
入れるわけですよ。相手を声で威圧して、従わせる。はじめての刑務所だから、
こういうのが刑務所かと。当時は、更生とか回復のためのプログラムもなかっ
た。一応、覚せい剤のプログラムがありましたが、重点的にやっているわけで
はなくって。一体ここは何をするところだろうって思いながら、ただ刑務官に
従っていました。

　やっぱり刑務所って、考える力を奪ってしまうんですね。刑務官の指示に
従っていればいいわけだから。逆に、刑務官に従わなければ懲罰になる。それ
と、会話というものがほとんどない。考える力も奪ってしまうし、自分で言葉
を発する機会も奪ってしまうんです。

## 03 ｜ キリスト教との出会い

　——ただ、五十嵐さんは、そんな刑務所の中で、たまたまキリスト教と出会
うことができた。その出会いを経て、五十嵐さんの中で変化が生まれたんで
しょうか?

　そうですね。変化しました。わかりやすく言うと、自分、己を知った。自分
がどういう人間であるかということを、それまでは考えていなかったんですね。
自分の利益ばかり求めていた。自己中心的感覚。犯罪ってやっぱり自己中心的
だから。そのことに聖書との出会いによって、気付かされた。聖書に書いてあ
る言葉が、自分の中でぴたっとハマったというかね。僕の言葉で言うと、打ち
砕かれた。……なかなかこれは理解されない部分があると思うんですけど、神
様が私に、なぜ罪を犯すのかと、問いかけている。そのメッセージが来た時に、
恐怖を感じたんです。ただ単に恐怖じゃないんですよね。ものすごくおっかな

いというか。神様はやはり大きい存在だし、たまたま僕が小さい時、お袋がある宗教を信仰していたこともあって、そういう神仏に対しての考えというか、悪いことをしたらバチが当たるっていう理解も自分の中にあった。だから、神様に罪を犯したというのがすげえ怖くって。

——自分の中に「ああー！」という後悔や恐怖のようなものが起こった？

そう。それです。自分に向き合い、幼少期からのことをずっと捉え直していく中で、そういう恐怖が自分から出てきたんですね。その過程で、人様に対しての変化も出てきて。悔い改め、まず、"被害者に謝りたい"という気持ちが大きくなった。自分が犯した罪、相手がたに対して"ごめんなさい"って。そこで、直接の被害者ではないんですが、知り合いを介して犯罪被害者のお母さんと出会って。その人との手紙のやりとりの中で、僕は「被害者の人に本当に申し訳ないことをして、謝りたいんだ」と言ったわけですね。そうしたら、そのお母さんからストレートな言葉が来たんです。「それは誰の気持ちですか」って。「誰の気持ちですか」って言われた時、頭をハンマーで殴られたような感じがしました。「それは俺の気持ちだ」って。俺はね。「ごめんなさい」って言ったらスッキリしますよね。

——軽くなる。許された気がする。

例えばね、父親が子供に対して怒った時に、子供が「パパごめんなさい」って言う。それで父親が「いいよ」って言ったら、子供がほっとするじゃないですか。自分は「ごめんなさい」って言えてほっとするけれど、でも被害者はどうなるのか？ 被害者には許す、許さないっていう複雑な気持ちもあるし。被害者は僕が「ごめんなさい」って言っても「ふざけるな」と。「お前に謝られたって俺は困るわ。なら最初からやるな」とか、そういう思いが絶対出てくると思う。そこに思い至って、そのやりとりで、初めて自分の中で、自分の気持ちよりも相手の気持ちが大切だということを感じたんです。それを初めて学んだと

言ったほうがいいですかね。「自分の目の前の人を愛することこそ難しいことはない」ってマザー・テレサが言ったことの、その意味っていうのかな。相手をただひたすら愛する……。愛するって日本語の言葉だと難しいんだけれど、目の前の人を大事にする、大切にする。そのことが自分で見えてきたというか。それが大きな方向転換となりました。

　それから、高齢の受刑者の介護とかいろんなことをやり出して。目の前の人を愛する難しさとかものすごくわかってきたわけですよ。やっぱりおじいちゃんだから頑固な奴もいる。そうすると頭にくるんですよ。「このやろう。俺はお前の使いっ走りでもねぇぞと。ふざけろ」って思うわけですよ。でもそのおじいちゃんが、大きい方漏らしちゃったとかね。その着替えを誰もやらないわけですから、やってあげないとかわいそう。そういった部分も出てくるし。だからそこには葛藤がありますよ。

## 04 ｜ "隣人を愛する" ということ

　**――自分は、謝って、すっきりして、前に行きたいと思う。でも一方で、謝っても、そこで起こったことがなくなるわけではない。その中で、どう進んでいくのでしょうか。**

　僕自身、加害者なんです。加害者がいた時に、被害者が許すってなかなか難しいですよね。だって誰かに殴られてボコボコにされて、そうしたことを許してくれって言われても、「ふざけるな」ってなると思うんですよね。それは人間ではなかなか難しい。

　そこはやっぱり神様というのがあって。神様は許してくださる。そこが聖書にある許しという部分。汝の罪を許す。聖書の中でイエス・キリストは十字架に磔にされるんですが、キリストは、何か悪いことをしたわけではないんですよ。でも相手からいろんなことされて、十字架にかかっている。そして「父よ。私にこういうことをした人を許してあげて下さい」ということを言った。そし

て両隣にいる犯罪者に対しても、彼らが本当に悔い改めたとき、「あなたは私と共にパラダイスにいる」って言った。ということは、イエス様は、誰でも許してくださるんだと僕は感じたんですよ。

でも、人は……、犯罪を犯した人を受け入れ、許すというのは、とても難しいと思います。そこに、本当の意味での人を大事にする、大切にする、人を愛するということが出てくるんじゃないかなあ。人間だから許すうえには、愛がなければ難しい。根本的には包み込むような大きな愛があって。その中で素直に「ごめんなさい」って、言える関係があるか。例えば、何か言ってしまった、してしまった時にも、「さっきこういうこと言っちゃって、ごめんね。許してね」って言えれば、「あー。俺も悪かったかもしんないから」って言っているかもしれない。でもそれがなければ、お互いぶつかりあってしまう。

そこに対話があることが大事だと思うんです。うちでもそうですが、当事者同士の喧嘩は、やはりあります。刑務所でもある。でも刑務所では、当事者同士がとことん話し合うっていうことはしない。もう喧嘩両成敗で、懲罰。僕がここに来た時に、ある刑務所で一緒だった人たちがいました。まあ、当然、敵対関係でして、うちでも「あいつ、俺が刑務所にいた時、ああだった、こうだった」って言い合うようになったんですよ。僕は二人を呼んで、「ここで、お互い言い合いっこしろ」と伝えました。僕の目の前で、しろと。それで犯罪行為だと感じたら、俺は110番をすると。つまり、殴り合いの喧嘩になったら110番をする。でもそれ以外はしない。だから、とことん言い合えと。で、やらせたんですよ。でも30分ぐらいするとだんだん黙ってくるんですね。だけど、「もっと言え。まだまだ!」って言って、ずっとやらせたわけですよ。そしたらね、二人とも「五十嵐さん。もう勘弁してください。これ以上言うことないです」って。全部吐き出しちゃったから、言うことがないわけです。そうすると今度は、お互いがお互いをわかりあうようになってくる。なんか自分がこういうことがあったから、相手がこうなったとか。相手がこういうところがあったから、自分がこうなったとか。だんだんわかってくるわけです。お互い

の嫌な部分とかを言い合って、気づき合うというか。それで彼らは最終的に仲直りして、今では一番仲の良い関係になっていますね。

　でも、お互い言い合ったり、話し合ったりしないで、いきなりわかりあうことはできない。それに、落ち着いて、冷静に言い合ったり聞き合ったりすることは難しい。だから第三者がそこにいて、制御をする必要がある。対立から対話にしていく必要があるんですね。対話を通してお互い、だんだん相手が見えてくる。そうすることで、わかりあう部分があると思います。

## 05 ｜ 自分が自分を変える

　こうした対話自体を経験したことがない受刑者は多いです。そもそも利害関係がない誰かと、関わりを持ったことがない場合もあります。マザーハウスでは、「文通プロジェクト」というものも行っています。これは、刑事施設に収容されている人々（受刑者）と、社会のボランティアを文通によって繋ぐ活動です。文通ボランティアは、マザーハウスのウェブサイトなどで募集しました。受刑者が、ボランティアの方と手紙を通して交流し、話し相手がいる、向き合ってくれる相手がいる、自分は大切にされている、自分は必要とされていると実感することが、更生改善・社会復帰への第一歩になると信じて、私たちはこの活動を続けています。

　実際、受刑者は、まずびっくりしますね。家族でもなんでもない、赤の他人が、手紙を通していろんなことを話してくれる。その人の貴重な時間を割いて、手紙を書いてくれる。優しいことを言われたり、厳しいことを言われたりする。辛い時に辛い話を聞いてもらったり、応援してもらったりすることもある。その中で、考えるようになるんですね。「どうして?」って。その人はどうして、僕のために、そういうことをするのかと。そうすることが、その人の利益になるわけではない。なのに、どうして?と。相手の優しさ、思いやり、包容力、そういったものに触れたときに、心の変化が出てくる。会話を通して変わって

いくことができるんじゃないかなと思います。

　僕がその人を変えることはできない。でも、自分が自分を変えることはできる。マザーハウスに来る元受刑者にも、僕はこう言います。「僕はあなたたちを変えるつもりは全くない。こう変えよう、とかは思わない。だって俺とは違うからね。だけど自分を自分で変えることができる、ということは言える。それをどうするかは君たちが考えること。俺が考えることじゃない。」

　例えば、ここにボランティアに来ている人たちの姿を見て、優しさや思いやりを感じて、「自分もこうなりたい。こうやって人様を助ける存在になりたい」と思えば、それを一生懸命やっていけばいい、それが変わるっていうことに繋がると僕は思うんで。だから何て言うのかな……、回復とか受容と言っても、そこにもいろんなパターンがある。その中で、一人一人が、今いる場所で、自分に合ったものを、自分で考えたものを、行動に生かしていくことが重要。そして、一人一人が行動に出していくことによって、その周りも変わっていくんだと思います。動かないと何も変わらない。

　変わるにはもう1つ、自分と向き合い、自分を知ることも必要だと思います。だから、僕は、どんどん突っ込んで聞きます。今どういう状態なのか、何に困っているのか、苦しいのか、そもそも何を考えているのか。うちの当事者もなかなか言わないんですよ。なかなか自分のこと言わないで、何でも、「はい」

「何でも答えますよ」と笑顔で話す五十嵐さん

「はい」って僕の言うことを聞く人もいる。でもそれでは、自分で考えていない。自分のことを見ていない。

　そんな時、僕は意地が悪いのかもしれないけれども、キツイ部分をえぐるんです。「なぜ事件を起こしたのか?」とか。「どうして

やったの?」とか、深いところをね。えぐって本人がちゃんとそこの部分と向き合わない限り、回復できないと思うから。

　人間って、みんな、傷を持っている。触れられたくない傷ってある。でも、本人が、そういうものが自分の中にあるんだと。僕にはこういう傷があるんだ、この痛さがあるんだ、苦しさがあるんだって感じて、自分で僕はこういうものを持っているんだって自覚しないと、本当の意味の回復は難しいと思うんですよ。だって己を知らなければ、どう回復するのか、どう更生するのかなんて、わからないじゃないですか。例えば、ある事件を起こしました。僕もそうだったんですけども、そのことについて、「なんで?」って、自分で問い詰めていくんですよ。「どうしてこれをする?」「なんでなんだ?」「どうしてなんだ?」って、考える。その中で絶対に気づきってある。何かの原因があるから、犯罪をするわけだから。何にもないのに犯罪をする人はいないと思います。何かの原因があって、そこにスイッチが入ったから、そういうことを犯した。だから、どうしてそういうことになってしまったのかを理解して、そうならないように、修復しようとすることが必要です。それは例えば依存の問題とか、家族間の問題、幼少期の問題、寂しさ……、いろんなものがあると思うんですけれども、それをあるがままに自分で受け入れていく中で、「こうなっちゃうと自分は危険信号なんだな。危ないんだな」ってちゃんと理解すれば、その危険信号に行く前に手を打つことができるんじゃないかな。

## 06 ｜ 元受刑者が社会で生きていくには

　とは言え、本人が変わった、悔い改めたとしても、「元受刑者」ということは消えない。だからその意味で、元受刑者ということを受け入れてもらえる場所、嘘や隠し事なしで生きていける場所が、必要だと思います。今の社会には、そういう場所は少ない。前科者とか何だとか言われたり、過去のことが延々とついて回る。実際、そういう方は雇いませんよって言われることもある。じゃ

あ、その人たちってどこで生きていけばいいんでしょう。元受刑者が、犯罪から距離をおき、この社会で生きていくには、社会の人々の協力・受け入れが不可欠なんです。

　でも、社会の側にいきなり受け入れてもらうっていうのも難しいと思う。そこも、やっぱりお互いを知り合うことが必要です。だから僕は、自分のことを色々なところでお話ししています。そして、例えば学校なんかでお話ししたら、「今日ここで僕がお話ししたことを、この場で終わらせないでください」と伝えます。家に持ち帰って、「お父さん、お母さん。今日私こういう話を聞いたよ。私こう思ったんだけど、お父さんたちはどう思う？」っていうことをぜひやってほしい。そうすると犯罪っていうものがいかに近くにあるかっていうことにも気づくと思う。自分がいつ巻き込まれてしまうかっていうのもあるし、もしかしたらいつ自分が人を傷つけてしまうのか、っていうこともあると思うんですね。世の中とはそういうもので、そういう中で、私たちは生きてるんだということを感じる機会にしてほしい。

　僕がこのマリアカフェをつくった理由もそこにあります。例えば誰かがこっちで仕事をしている。こっちで誰かが食事をしている。こっちでは別の誰かが本を読んでいる。でも、ふと誰かに話をしたいなあと思った時に、「ねえ」って話しかけられる場所に人がいる、そういう空間。居場所ですね。そこで、いろんな人に出会うことができる。自然に触れ合いが生まれる。会話がある。そして、そこで嘘を言う必要もない。だれでもありのままで、ここにいて自由に喋っていい。

　やはり人間として生きていく中で、1番辛いことっ

カフェにあるイラストには、「ようこそ、マリアカフェへ！」とある

178

て孤独だと、僕は思うんですね。孤独の中に入り込んでしまうと、そこから抜け出すことはなかなか難しい。実際、罪を犯すかどうかは、自分が本当に困った時に、「助けて」と相談できる相手がいるかいないかで、大きく変わります。

　こんなことがありました。あるおじいちゃんがいたんですね。その人は、お腹がすいちゃったからと、おにぎりを盗んでしまう。そしてそれを何度も繰り返し、窃盗の常習犯になってしまっている。その人に、僕はこう言ったんです。「爺ね。人のものを黙ってとったら、それは窃盗だ。だけどトントンと扉を叩いて、『すみません。今お金なくて。腹減って腹減ってどうしようもないんです。おにぎり一個ください』って頭を下げて、相手がおにぎりをくれたら窃盗にならないよ」って。

　「助けて」って言う声をあげたら、誰かしら聞いてくれるっていう話をしたんですよ。それからその爺は窃盗をしなくなりました。なぜか。それは、そうやって言えるようになったからです。困ったら僕のところに電話して、「どうしたらいいんだ?」って聞けるようになった。相談相手ができた。「爺。それだったら生活保護があるから、こういうことをすればいいよ」とかね。生活保護を受けても、年をとるにつれてだんだん、自分のことが出来なくなってきた。だったら役所に行って相談したら、ケースワーカーを通してヘルパーを頼むことができるかもしれない、とか。それで、動いて、実際に週何回かヘルパーさんが入ってくれるようになった。やっぱり相談ができるようになれば、違ってくる。犯罪もそうだと思うんですよ。相談できる相手がいなくて、犯罪を犯すことにつながってしまうケースが少なくない。

## 07 ｜ 生きている、生かされている、つながっている

　元受刑者に限らず、今の社会は、人との触れ合いが減っていると思います。面倒なことを回避しようとすればできてしまう、スマート社会。でも、それだけだと辛いんじゃないかな。

その意味で、一人一人が、目の前にいる人と関わることが重要だと思います。例えば繁華街の道端で女の子が寝ている。そこを多くの人は素通りしちゃう。おそらく関わりたくない。でも、そこで「どうしたの？具合が悪いの？」と聞いてみたら、きっと反応はありますよね。「いや。大丈夫です」とか「ちょっと気持ちが悪いんです」とか。じゃ、気持ちが悪いって言ったら救急車呼ぼうとか、近くに交番があるからおまわりさん呼ぼうとか、何かしらあると思うんですね。その、声をかけることが、声をかけられた子の中で、"自分がここにいるんだ"、"自分のことを見てくれる人がここにいるんだ"っていう感覚が生まれるきっかけになるかもしれない。

　これは同性とか異性とかは関係なくって、僕はそれが、"生きている、生かされている、つながっている"ということだと思うんです。つながっているって、やっぱりある意味、面倒なこともお互いに背負いあっているようなことでもある。でもそういう状態が全くないと、人は辛くなるように思います。


　——人と触れ合い、自分のことを話し、相手のことを考えること。人との関わりの中で自分と向き合い、自分を知ること。そして、助けを求められる関係や、ありのままの自分でいられる場所、居場所があることが、受刑者や元受刑者の変化・回復につながる。

　そうですね。受刑者を「犯罪人」のまま社会から疎外するのではなく、「以前は同じ社会で隣に生きていた人、そして刑が終了したらまた戻ってきて再びともに生きていく人」としてとらえ、コミュニケーションを絶やさないことが、犯罪からの離脱にはとても重要だと思います。元受刑者は、一人では、孤独では、回復することは難しい。人と出会い、人と向き合うこと、自分と向き合うことを経て、自ら変わっていくことができるんだと思います。聞いてもらった、受け入れてもらったという経験から、人のことを大切にしようと思えたり、自分のことや考えを言葉にできるようになる。

　でも刑務所にいる受刑者の中には、そうは言っても、言えないことがある人、

言い合える関係を持てない人もいます。やっぱりその……無期や長期の受刑者は、人の命を奪っちゃったりしている。なかなかそれを言葉で、表に出せない。でも、それをそのまま抱えて生きるのは、やっぱり苦しい。そういう人の中には、絵などを通して表に出す人たちもいます。

　——言葉で説明し難いところは、表現に向かうと。

　やはり絵なり、書なり、句なり。そういうことに取り組む方はいらっしゃいます。でも、今は、刑務所内の展覧会くらいしか発表の場がない。本来はそれを社会に見せればいいと思うんですけれども。マザーハウスも、今後、そこをつなぐような活動もできたらいいなと考えています。

（2020年11月5日）

■注
1) マザーハウス・ラブレター・プロジェクト。刑事施設に収容されている人々（受刑者）と、社会のボランティアを文通によって繋ぐ活動。
2) 受刑者の学習環境や読書環境支援のための、書籍の検索及び購入（主に中古本の購入）代行活動。
3) 長期間刑事施設に収容された人たちが、社会復帰するためにどのような支援が必要か、そして、どのような社会復帰プログラムが考えられるかを検討する研究会。
4) 2018年に東京都・墨田区にオープンしたコミュニティ・スペース。元受刑者がスタッフをしている。

五十嵐弘志（いがらし ひろし）
1964年栃木県生まれ。前科3犯、受刑歴約20年、獄中で主イエス・キリストと出会い、回心。受刑中に、国際弁護士佐々木満男先生が身元引受人となったことを契機に、司祭、修道女、牧師との交流を深め、文通、面会、本の差し入れなどをとおしてキリスト教を学ぶ。出所後にカトリックの洗礼を受け、祈りと真の愛の実践をめざして受刑中の人や刑務所から出所した人々のケアに奔走。2014年5月にNPO法人「マザーハウス」を正式に立ち上げ、現在、全国の受刑者との文通プロジェクト、出所者の生活、就労サポート及び、大学や更生保護団体などの講演活動において犯罪被害者支援、出所者の再犯防止に向けての提言を続けている。

笠原広一（かさはら こういち）
東京学芸大学教育学部准教授。美術教育が専門で、アート・ワークショップ、幼児の美術教育、A/r/tography（アートグラフィー）やArts-Based Research（アートベース・リサーチ：ABR）の研究に取り組んでいる。『子どものワークショップと体験理解：感性的視点からの実践研究のアプローチ』（単著2017）、『アートがひらく保育と子ども理解：多様な子どもの姿と表現の共有を目指して』（編著2019）他がある。

# 9

# 小さな扉

森合音（四国こどもとおとなの医療センターホスピタルアートディレクター）

**01**

　マスクを外したＡちゃんを見たのはそれが初めてだった。遺影のＡちゃんは笑っていた。白い肌と、黒目がちで透き通るような瞳が印象的な女の子だった。写真の笑顔は、私がマスクの隙間から想像していたＡちゃんよりずっと無防備であどけなく、胸が痛んだ。お母さんがやってきて、「毎週、ボランティア室に通うことが娘の生きがいでした。最後までミサンガを編んでいました。ありがとうございました。」と、話しかけてくれた。やっと聞き取れるくらいのその小さな声はさっき遺族代表挨拶をした強くて張りのあるお父さんの声とあまりに対照的で、Ａちゃんとの最後の、コントラストの強い思い出として私の胸に刻まれた。

　立派な祭壇の横に小さな机が用意され、そこに色とりどりのミサンガが、折り重なって展示されていた。私は丁寧に編まれた数百本の細いミサンガに、最後まで自分の居場所を探して生きようとしていたＡちゃんの変わらない意思を確認した。「ちゃんと続けていくから。見守ってね。」と遺影のＡちゃんと自分

182

に約束した。泣かなかった。というより泣けなかった。Aちゃんのことで涙を
こぼすのは今ではない気がした。

　駐車場でEちゃんに電話した。Eちゃんは静かに淡々と「ああ、Aちゃん。
でも、彼女、やっと楽になれましたね。」とため息をついた。

　AちゃんとEちゃんに出会ったのは今から12年前、香川小児病院で最初の
壁画を描いた時だ。当時二人は児童思春期病棟の入院患者だった。Aちゃんは
摂食障害。Eちゃんは重い鬱の症状を抱えていた。二人とも長期入院の患者さ
んで、看護師さんに甘えたり一緒にゲームしたりしている他の子どもたちとは
いつも少し距離をとっているように見えた。その頃私は同じNPOアーツプロ
ジェクト[1]に所属する画家のマスダヒサコさんやボランティアさんと、時には地
元のデザイン科の学生さんたちと病棟を訪れ、その度に少しずつ楠の壁画を描
いていた。

　と、言ってもこの壁画制作は、画家さんの原画に忠実に、画家さんの指導を
受けながらみんなで描くという手法は敢えてとらなかった。誰もがいつからど
こからでも参加可能で、描く過程も楽しめるようなパッチワークのような描き
方がしたいと、普段、独自の考え方で絵を描いているマスダさんに、失礼を承
知で相談した。幸いマスダさんは興味を持ってくれ、二人でああでもない、こ
うでもない。と、長いこと話をした。お互いの頭の中のイメージが手に取るよ
うにわかるようになった頃、やっとその手法にたどり着いた。下絵をいくつも
のパーツに分けて塗り絵のようにして準備し、小さなパーツを塗りつぶしてゆ
けばいつの間にか壁画が完成する。楠は弘法大師空海の生誕の地、地元善通寺
市の木で、総本山善通寺にある樹齢1200年を超える大木がモチーフになって
いる。時代がどんなに変わってもいつも変わらない眼差しをこの病棟の子ども
たちに届けたいと思って選んだ。そして、病棟の外にある四季の移り変わりを
感じて欲しくて、春には葉を、夏には花を、秋には実を描き、楠の成長に合わ
せてあえて時間をかけて完成させることにした。毎回、卓球台にブルーシート
を敷いて塗料を並べた。白と灰色の無機質な病棟に色とりどりの塗料の入った

缶を並べるだけでも、随分と病棟の空気が変わるものだと思った。ベースを塗り終えると、それぞれが小さな厚紙に自分の葉っぱの形を描き、切り抜く。その型紙を持って、様々なグリーンで塗りつぶされたベースの上に自分だけの葉っぱをステンシルの手法で増やしてゆく。自分が描いた葉っぱの上に、誰かが葉っぱを重ねることもある。誰かの描いた葉っぱの上に自分の葉っぱを重ねたいと思うこともある。そんな何が起こるかわからない手法で壁画は徐々に完成してゆく。細部まで原画に忠実であることが大切なのではなく、かといってなんでも自由に描けばいいのでもない。マスダさんの監修によって厳選された色を使って、おおらかに設定された枠の中で、自由に描く。予定調和ではないその描き方を選んだのは、この場所にいる子どもたちに、自分という葉っぱの一枚が全体に関わることで壁画が確実に変化してゆくこと。その葉っぱが例えどんなに小さくても全体に間違いなく影響しているということを体験して欲しかったからだ。と、同時に自分という葉っぱの一枚は全体にとってはただの部分でしかないという一見矛盾するような事実も受け止めて欲しかった。そのかけがえのなさと、ちっぽけさを、一枚の葉っぱになってありのままに味わって欲しいと思った。世界は私一人がいなくなったとしても消えてなくなったりしないが、私が今、目を閉じれば世界は消えてなくなるのだ。そのちっぽけさとかけがえのなさは矛盾しない。私たちはそれぞれに主観的存在であり客観的存在でもある。自分という人間のかけがえのなさとちっぽけさ、心の苦しみや痛みはそのバランスがどちらかに過剰に傾いた時に生まれるように思う。

　ある日、塗料を並べた卓球台の上に、一枚の画用紙が置かれていた。黒い墨で「死、叶わなかった夢、血、傷、裏切り、刃物」など思わずハッとしてしまうほど痛々しい言葉が並んでいた。でも、その筆跡は美しく、そこに激しさはなかった。そんなことが何度か続いてそれがいつもショッキングピンクと黒の洋服を身にまとったEちゃんからのメッセージだと気づいた。「字が綺麗だね」はじめにそんな言葉をかけたと思う。Eちゃんは習字が得意なこと、絵を描いたり、裁縫をしたり本を読むことが好きなこと、自分がこれまでに4回心臓の

手術をしてきたこと。ショッキングピンクと黒の服しか着ないこと。自分について
のあれこれを話してくれた。私は何から何まで初めて聞くことばかりだっ
たので、とにかく全部そのまま飲み込んで、その後で私に唯一できる新しい提
案をした。「壁画、一緒に描く?」彼女は大きく頷いた。それから彼女は毎回壁
画制作に参加してくれた。

　数ヶ月が経ち、病棟で壁画を描くことがイベントから日常になった頃、多
い時では病棟で医療スタッフや患者、ボランティア、総勢20名もの人が筆を
持って真剣に壁に向き合っているという不思議で少し愉快な光景を見ることも
できた。廊下に笑い声が響くことも多くなった。でも、Aちゃんは相変わらず
壁画制作には参加しなかった。食堂の隅で静かにミサンガを編んでいた。私は
Aちゃんに声をかけなかった。Aちゃんはいつも何かを一生懸命頑張っていた
し、全身から「私にはするべきことがある」という気配を漂わせていたから。

　当時、壁画のプロジェクトと並行して進めていたもう一つのプロジェクトが
ある。「写真で話す」そのワークショップは、この病棟の子どもたちが「今」何
を見ているのか知りたくて、私から院長にお願いして始めたものだ。患者さん
に1日、デジタルカメラを渡して、身の回りの「何となく」気になったシーン
を撮影してきてもらう。その写真を素材にして私が勝手にコラージュして作品
にする。当時写真家として仕事をしていた私と、患者の子どもたちが、出会っ
ていきなり役割分担して共同制作をするという企画だ。私は「写真」を通じて
かつて自分に起こった変化が、この病棟の子どもたちにも起こらないかな。と
淡い期待を込めてこのワークショップを提案した。それは「写真に救われた」
という私の経験にもとづいている。


　17年前の冬の朝、私は突然夫を亡くした。心筋梗塞だった。当時私たちは
札幌で小さなデザイン事務所を立ち上げ、いくつかのホテルと契約し、結婚式
のトータルプロデュースの仕事をしていた。その日はホテルが開催する年に一
度のパーティーの日で、前日からお互いが着ていく服を選び、同時開催される

予定のトークショーのチケットを準備して、久しぶりの休日、「明日」という日を心待ちにしていた。仕事中、夫は事務所にある水槽の向こうから泳ぐ金魚越しに手を振って、私がそれに気づくと「明日、楽しみだね」と、大げさなジェスチャーで伝えた。私はやっと眠りかけている娘を抱っこしたまま上下に軽く揺らして喜びを伝えた。学生時代から12年間一緒にいた私たちは、たくさん話をした。結婚してからも子どもたちを眠らせた後、カフェオレだけで話し始め、テレビもつけないで夜中までリビングで話すということが日常だった。仕事や夢、近所のゴシップまで話題が尽きることはなかった。お互いが喜ぶこと、悲しむこと、その感情のひだの細部までわかりあっていた。

　でも、その私たちの「明日」は永遠にくることはなかった。朝、気づかないうちに夫が携帯に設定してくれたクリスマスソングで目覚めた私は、「クリスマスの曲、ありがとう!」と、事務所の扉を開けて、そこで真っ白な顔をして横たわっている夫の姿に直面した。

　……世界はこんな風に脆く、簡単に壊れてしまう。

　そこからの数日は、私の記憶の中の特別な場所にしまわれている。見ようと思えば今でもコマ送りで思い出せる。さっき体験したことのように。でも、その扉を開くには覚悟がいる。全開にすると様々な感情が一気に溢れ出して、現実の世界に帰ってくるのが難しくなる。だから滅多なことでは開けない。でも、長い時間閉じたままにしていると、一番大切なものを忘れてきたような、息がつまるような気持ちになる。だから、とても慎重に時々開く。それは今、私が写真を撮ることや、病院でしている仕事と深く関わっていると思う。私は、心の中に自分と同じような扉を持っている人の前でだけ、その扉を開く。目の前の人が、自分だけが哀しみの中にたった一人でいると感じている時、「一人じゃないよ。私も哀しみを抱えているよ」と、伝えるために。そしてそれは間違いなく私の救済なのだと思う。

　あの頃の私は幼い二人の娘を抱えて暗闇の中をさまよっていた。満ち足りていた時間の記憶や、夢や、未来の計画はもはや心を突き刺す刃でしかなかった。

この痛みをわかってくれる人なんてどこにもいない。と思っていた。夫のいない未来から逃げ出してしまいたい欲求、二人の娘のために生きなければ。と立ち上がろうとする意思。1秒ごとに入れ替わるコントロールできない様々な感情は、どれもが切り離せない真実であるがゆえに痛みとなって常に付きまとい、心は今にも引き裂かれそうだった。そんな私に、一筋の光をくれたのがカメラだった。涙が溢れるたびに、夫の遺したカメラでシャッターをきる。「私と同じように今、きっと悲しんでいるだろうな……」「きっと、レンズを通じて一緒に娘たちを見つめている」娘たちが遊んだマッチ棒と輪ゴムの山。それは一触即発の危険を孕んで流れて行く日常の象徴。壁を上へ上へとつたう2本の蔓、一本は途中でポッキリと折れている。私にとって写真を撮る行為、それは夫との密かな交流であり、ほとんど儀式のようなものだった。涙が流れる理由は一つではない。ただ、何かを見て涙が流れるという事実がある。そこには唯一無二の自分の「今」が重なって記録される。そのありのままの「今」、いいことも悪いことも様々なことを感じている、揺れ動く自分を確かめること、「矛盾を抱えてそれでも生きている」自分の生の感情を受け止めてもらうには「カメラ」はとても有効な媒体だった。「カメラ」は言葉にできない感情を、矛盾したまま、処理しきれないまま黙って受け止めてくれるから。かつて夫がそうしてくれたように。そしてそこには必ず唯一無二の自分が表現されている。それが「写真」というかたちになる。「……でも、大丈夫だ、合音なら。」これまで何度も聞いてきた彼の声が、言葉のフレーズが耳元で聞こえるような気がする。カメラは断片的で未熟で雑多な、未解決の、社会的にはなんの価値もない、行き場のない、けれど自分にとってはかけがえのない「今」の感情に「写真」という小さな居場所を与えてくれ、「それでいい。」と受け止めてくれるのだ。

　そうして、写真を撮るうちに、暗闇だった世界に娘たちの言葉が聞こえてくるようになった。「パパはお星様なんだよね。」「だったら流れて落ちてくるかもしれないよね。」「さみしくないよママ。外見てごらん。ほら。いっぱい車が

通っているでしょ。」その言葉は力に満ちていた。ある日、三人で散歩していると遠くにコスモスのお花畑が見えた。「ママ、あそこまで行こう。」娘たちは、どんどん先をゆく。日増しに頼もしくなる二人の小さな後ろ姿が涙で霞んでぼやけた。「生きなければ……」私の胸に少しずつ熱が戻ってくるのがわかった。娘たちのその儚さも強さも、私の生と深く繋がっている。そして、新しい絆を育て始めている。秋の空に優雅に揺れるコスモスはまるで私たちの心を見透かしたように優しくただ、優しく揺れていた。コスモスを目指して歩いた私たちはたどり着いた先で言葉を無くした。美しく秋空に揺れるコスモスの根元はまるで木のように太く茶色で、枯れた葉は力尽きて茎に張り付いていた。「ここはきれいじゃないね。」下の娘が無邪気に言う。「コスモスさん、こんなに頑張ってたんだね。」上の娘がいう。娘たちは私の涙に息を飲んだ。涙を隠すようにカメラを構えた。側には誰かが捨てた空っぽの錆びた箱があり、まるでその箱を包むようにしてコスモスが生えていた。遠くから見ていたコスモスと全く違ったコスモスの側面がそこにはあった。私はシャッターを切りながら不思議な感覚に包まれていた。コスモスは私の心をわかってくれている。その時、間違いなく私はコスモスと一体になり私の心の重さをコスモスが肩代わりしてくれていると感じた。万葉の時代から日本人は自然に自分の心情を重ね合わせて歌を詠んできたが、あれは言葉にならない自分の心と自然が繋がって、救われるようなこういう感覚だったのではないか。夫と娘たちとコスモスと私の心。その瞬間、カメラは次元の違ういくつもの物語をしっかりと繋いでくれていた。私は一人で生きているのではない。どこからともなく、湧き出てくるような感謝で満たされてゆくのがわかった。

　やがて私は、このカメラや写真という媒体の持つ、セルフカウンセリングの力を誰かに問いかけてみたいと思うようになった。そこで芸大生時代には一度も応募したことのなかったいくつかの写真賞に応募してみることにした。写真の本当の力を知っている写真家の方々にならこの目に見えない、数字にも表せない、でも確かにそこにある写真を介して行われた、次元を超えたエネルギー

の交流をわかってもらえそうな気がしたからだ。そして、私は四つの賞を受賞し、写真家として活動するようになった。全国各地で巡回展も開催され、出版も決まった。そこで私はまた不思議な体験をした。私の写真をみてくれた多くの人から、心に響いた。写真をみて涙がこぼれた。という感想をいただいたのだ。そして、必ずと言っていいほどその方々はご自身の辛い体験を話してくださった。誰にも言えない過去を、ずっと抱えている心の痛みを。私はそのお話を聞きながら、時には一緒に涙を流し、私自身もいつまでも癒えない痛みの扉を開いた。そして、共にそれぞれの扉を閉じて明日からの日々を励まし合った。目の前の誰かを励ましているようでいて、実は自分が励まされている。その体験を重ねるうちに、自分の心や日常がみるみる変化して行くのがわかった。痛みの扉はそのままに、新しい扉がいくつも開いて、それまで見たことのない景色が見えるようになった。私にも何かできることがあるかもしれない。と、思うようになった。哀しみを抱えて生きているのは自分一人ではないということを知ること。誰かを励ませる存在になれること。それは間違いなく私自身にとって救済だった。そして、いつからか私があの日のコスモスの役割を果たしているのかもしれないと思うようになった。切実さは写真にのって伝わる。それは技術ではない。写真にはそれを伝える特別な力がある。私は確信した。人はいつか必ず死を迎える。誰もが大切な人と別れながら生きている。そして、その痛みを誰にも言えずに一人で抱えている。誰かがその痛みを表現することで、これまで閉じられていた誰かの痛みの扉が開いて、共に励まし合い、新たな一歩を踏み出すことができる。そして、もしかしたらそれが芸術というフィールドがこれまで果たしてきた役割なのかもしれない。だとしたら、様々な痛みを表現する場こそが必要なのではないか。人が自分の命や大切な人の命と正面から向き合う病院という場にこそ芸術が必要なのではないかと思うようになった。

　それが私の体験した単なる「記録」の意味を超えた「矛盾する感情をありのままに引き受け、痛みを表出させ、変容させる」写真の力だった。

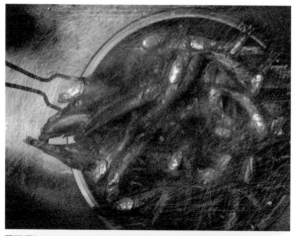

ゴッホは部屋の壁に聖書の一節を貼っていたと言われている。「哀しみに
くれながら、しかも常に喜びに溢れて」その言葉は多分、矛盾しない。生前
1600枚の絵を描きながらたった一枚の絵しか売れなかったゴッホの創作を支
えたのはこの一見矛盾しているかのように見える二つの感情を受け止めてくれ
る変わらない神の眼差しではなかっただろうか。それは今をありのままに肯定
する、「命」として今「在る」という絶対的な生の肯定ではなかったか。そして、
そのゴッホの生き方の足跡として残された絵画はゴッホという一人の人と出会
う扉となり、そこに塗り込められたエネルギーは今も生きたまま、多くの人々
を励まし続けている。私は空に向かって燃え上がる糸杉や、太陽から放射され
る波動の向こうに孤独なゴッホの痛みや神様とともに生きる喜びを感じ励まさ
れた。そしてその時私は確かにゴッホを他の誰よりも身近に感じたのだ。芸術
作品を通じて行われる目に見えない交流は明日を生きるエネルギーになる。写
真をはじめとする芸術や文学のフィールドは太古の昔から現代まで、いつも
「作品」という多様な扉を用意して、背後に豊かな物語とまだ見えないエネル
ギーを包摂しながら静かに開かれる時を待っていてくれる。「みんな、それを
乗り越えて生きてきたんだよ」という私秘的なメッセージを伝えるために。

　私はかつて自分が救われたその写真（芸術）が持つ不思議な力、セルフカウン
セリングの力と、時空を超えて行われるエネルギー交流、コミュニケーション
の手法を、病院にいる子どもたちに試してもらいたいと思った。そこで表現さ
れた子どもたちの写真が、目の前の現実の世界に新しいコミュニケーションの
扉を開いてくれ、自らの力でエネルギーを循環させてくれることを願った。

　当時、香川小児病院の院長だった中川義信先生に趣旨を説明すると、少し、
驚いたような表情をされた後、「カメラや写真のことは私にはよくわからない
けれど、治療行為ではなくアート体験ということで本人の合意が得られたら
実施してもいい」と許可してくれた。院長はいつもご自身が理解できないこと、
まだ効果が証明されていないことに対しても、可能性もしくは尊重という名の

小さな余白を用意してくれる。多分それは医療にはできない何かの役割をアートが果たすのではないか。という先生自身のかすかな期待や興味でもあったと思う。同時にかつて脳外科の新しい治療法を探して研究者の道を歩んでいた先生ならではの挑戦だったのかもしれない。そしてそれは常に私にとって希望そのものだった。

## 02 Eちゃんと

　入院患者の子どもたちが撮った写真を、私がレイアウトして一枚の作品が完成すると、その作品を前に撮影した子と私、二人で話をする。大抵は勝手にコラージュされた写真が「自分の作品」だと言われてまず驚く。でも、確かにコラージュを構成している写真は自分が撮影したものだと徐々に気づいて納得する。自分でシャッターを切ったアングルを案外人は正確に記憶している。そして、写っているのはその子にとって「今、何となく」気になることばかり。「何となく」それは普段は価値のないものとして処理されたり、切り捨てられることも多い。でも、目の前に自分の「何となく」に興味を持ってくれる誰かがいたらどうだろう。その小さな「何となく」に正面からスポットを当ててみる。写真にして眺めてみる。「なんでこのシーンを切り取ったのだろう。」と、目の前にいる誰かに伝えようとして、子どもたちは写真を撮った「自分」と対話し始める。「なぜ、ここでシャッターを切ったの?」なぜだか自分に興味を持っている見ず知らずの私からの質問に応えるために。

　心の中にあまりに多くの相反する感情や消化しきれていない思い、痛みがある時、言葉ではその状況をうまく表現できなくなってしまう。理屈から溢れた感情が複雑に絡み合っている時、言葉にすれば助けが呼べると頭ではわかっていても、どこから手をつければいいのか、そもそも痛みを言葉にするまでのプロセスが面倒になって黙ってしまう。そのうち誰もわかってくれるはずない。と諦めてしまう。やがて処理しきれない感情や痛みは身体中を堂々巡りし

て、次第に澱のように身体の底に溜まりいつの間にか固まってしまう。そうすると重くてもう一歩も前に進めないような気持ちになる。世界に自分一人が取り残されているような気持ちにさえなる。誰にでも簡単に撮ることのできる写真が、その重い扉を開いてくれたら。私は祈るような気持ちで子どもたちと向き合った。

Eちゃんは、数百枚の写真を撮ってきてくれた。それは卓球台の上におかれたメッセージとよく似ていた。ステンレス製の空っぽの浴槽。蛇口から排水口に向かって流れ落ちる水。木の幹に開いた穴。自分の細い指と大きなドクロの指輪。ショッキングピンクのロータリーのツツジ。手術室の入り口のアンパンマン。今でもはっきりと思い出せるそのいくつかの写真の前で、彼女と私はたくさんの話をした。その写真の向こうにあるお母さんとの辛い思い出や、大好きな先生への憧れや感謝の気持ちも。渡廊下で作品展をすると、先生や看護師さんがたくさん見に来てくださった。そして、普段は見せない彼女や彼らの別の側面に触れ、写真や添えられた言葉に「こんなにいろんなことを考えているんですね……」と、自分たちの仕事の意味を改めて考えられたようだった。「死んでたかな。ここに来てなかったら。」Eちゃんの言葉は医療スタッフの心を静かに揺らす。写真は間違いなくコミュニケーションの新しい扉を開いてくれた。

「ところで何で壁画を描きに来るの?」Eちゃんからの質問に私はできるだけ自分の心に正直に答えた。「Eちゃんが少しでも明るい気持ちになってくれたらいいな。と思って。でも、本当は……多分、自分を助けるため。」Eちゃんは黙って頷いてくれた。そして、「私も一緒に誰かの力になりたい。それで自分も助けたい。」と言った。並んで壁画を描く私たちはもう「他人」ではなくなっていた。

そんなある日、Eちゃんが両手にいっぱいの小さなぬいぐるみたちを持ってやってきた。自分で作ったのだという。「この子たちを、これから手術を受

ける子どもたちにプレゼントしたい。」と。聞けば、手術を受ける時には毎回、看護師さんがアンパンマンのストレッチャーで迎えにきてくれる。そしてアンパンマンのぬいぐるみを枕元においてくれる。それが本当に嬉しかった。でも、手術が終わったらそのアンパンマンは次の誰かのところに行ってしまう。だからこのぬいぐるみは手術が終わってもずっとそばに居てくれるアンパンマンの代役として子どもたちに渡して欲しい、と。私はすぐに手術室の看護師さんに連絡を取り、事情を伝えてぬいぐるみを託した。看護師さんはとても喜んでくれ、「必ず渡します」と約束してくださった。看護師さんが喜んでくれたことをEちゃんに伝えると満足そうに「また、作ります。できる範囲で。」と照れ臭そうに言った。それから毎月のようにEちゃんはぬいぐるみを作って持ってきてくれた。ある日私はEちゃんに提案した。「自分で看護師さんに手渡してみたら？とっても喜んでくれてるよ。どんな子が作ってくれてるのか知りたいって。」するとEちゃんは即座に首を横に振った。「誰が作ったかわからない方がいい……」あまりに強い口調だったので、理由を尋ねるとEちゃんは少しずつ自分の気持ちを話し始めた。「ずっと病院でいるとね、毎日、誰かにしてもらうことばっかりで……それはありがたいことなんだけど、だんだん自分が何もできない無力で不要な人間のように思えてくる。勝手なことかもしれないけど、もう、お礼を言うのにも疲れる。こうして自分にもできることがあるのはすごく嬉しいこと。だから自分のためにやってるんだと思う。でもね。ほら、ぬいぐるみを作ってるのが誰だかわかってしまうと看護師さんは私を見かけるたびにお礼を言わなきゃならないでしょう。そういうの嫌だから。それに、期待されるとこっちも期待に応えなきゃならなくなるから重くなっちゃう。」真摯で真面目なEちゃんの言葉は細く、弱く、時々迷いながら、でも私の心の深いところまでスルスルと降りてきて私としっかり繋がった。

　家に帰って書きかけの企画書を仕上げた。「花と椅子のある時間」。病院のところどころに小さな椅子を設置して、そこに花を飾る。ホテルのロビーに飾っているような大きなアレンジではなくて、野の花を見つけたときのような感

動を患者さんに届けられるように。花台ではなく小さな椅子にしたのは「少し休んで」と言うメッセージを伝えたかったから。この企画は院長と看護部長さんからの「殺風景になりがちな院内にお花を飾りたい」という要望を形にしたものだった。この日、この椅子に、急遽扉をつけた。この扉の中にEちゃんが作ったぬいぐるみを忍ばせておくために。ぬいぐるみにメッセージをつけておけば、見つけた人なら誰でも持って帰れるし、作るEちゃんの匿名性も守られるし、自分のペースで作れるからプレッシャーも感じなくていい。私は院長と看護部長さんに企画書を説明する前にEちゃんに相談した。Eちゃんは「これならいいですね。一緒にやろう。」と笑ってくれた。院長も看護部長さんも静かに耳を傾けてくださり、笑顔で企画を通してくださった。

## 03 ┃ Aちゃんと

「あの子にも声をかけてあげて。ミサンガプレゼントしたいって。」Eちゃんが Aちゃんのところに私を連れて行ってくれたのは、それからしばらくしてからだった。Aちゃんは食堂の机の上に山積みにしたミサンガの前で待っていてくれた。相変わらず大きなマスクをして。「これ。全部、いいの?」と私が聞くと「はい。全部。どうぞ。もっと作りますから」と小さなでもはっきりとした声で応えてくれた。その日から私たちは院内にある小さな椅子の小さな扉に、こっそりプレゼントを忍ばせる秘密のチームになった。自分にできることで。できる範囲で。それぞれが役割を持って。

　Aちゃんがミサンガに添えて贈るメッセージカードにはいつも「見つけてくれてありがとう」と書いてあった。私は質問した。「なんでプレゼントあげるのにありがとうって書くの?」すると彼女は「私が好きで作ったものが誰かの喜びになるとそれは私にとって嬉しいことだから。誰も見ていないところで誰かが持って帰ってくれるってことは、本当にそれを気に入ったってことで、プレゼントがなくなることが私への返事だから。」と言った。私はその時、誰かに

見つけて欲しかったのはＡちゃん自身なのだと気づいた。それから毎週Ａちゃんは精力的にミサンガを作ってボランティア室に届けてくれた。

　でも、体は日増しに痩せて小さくなっていくような気がした。無口だったＡちゃんは徐々に自分のことを話してくれるようになっていた。家族のことや通っている大学で福祉を専攻していること、お粥以外は野菜も肉もお菓子も食べたくないこと。バスケットをしていたこと。お父さんがバスケットのコーチをしていたこと。自分は妹より才能もセンスもなかったこと。自分についてのあれこれを話してくれるようになった。気になるのは「絶対……ありません」という表現が多いことだった。以前、お医者さんが充分な説明をしないでお薬を変えたことを今も覚えていて、「私はあの人を絶対に許しません。」と、言っていた。「ずっと許さないでいるのって疲れない?」と聞くと、「疲れません。」と、きっぱり言った。私は気になっていたことを質問してみた。「Ａちゃんは魂があると思う?」「それは絶対にないです。」即答だった。「ないと思うの?」「いえ、思うんじゃなくてないんです。」「でもそれはまだ誰も証明できないことだよね。」「でも、ないものはないんです。」私はその日、それ以上聞かなかった。また改めて話せる時間があると思っていた。「森さんはいつも変なこと聞くんですね。」帰りがけにマスクの向こうでクスクス笑うＡちゃんの声が今も耳に残っている。「また来週。」鉄製の扉を開ける時、勢いをつけないと開かないほど、Ａちゃんの体重は軽くなっていた。

　それから数日してＡちゃんの携帯から電話がかかってきて、取ると男性の声がした。「Ａの父です。娘は今朝亡くなりました。森さんにはお世話になりました。」いつか、そんな日が来るような気がしていた。もう少し時間が欲しかったな、とぼんやりと思った。Ａちゃんがもう頑張らなくてすみますように。魂がちゃんとあって、世界を自由に飛び回ってくれますように。他にもいろんな楽しいものがあることに気づいてくれますように。と祈った。

　ある日、食堂に現れたＥちゃんはいつもの黒いパーカー姿ではなく、抱えたぬいぐるみと同じ薄い桜色のカーディガンを着ていた。頬に赤みが差していつ

もより元気そうだった。ショッキングピンクのバッグも持たなくなった。彼女と知り合って12年、今では苦手だったお母さんと一緒に住み、パステルカラーの洋服に身を包み、髪をショートカットにしてデイサービスに通いながら、高齢者のお宅に食事を作りに出向くアルバイトも始めた。ここのところプレゼントを作って持ってきてくれる回数はめっきり減った。彼女はもう、ぬいぐるみを作らなくても日常の中に自分を必要としてくれる場所があることを知ったのだ。

　新病院建設に関して、アートを全面的に導入したいという話があった時、真っ先にこの小さな扉を作りたいと思った。二人と始めた取り組みを続けたいと思った。

　この病院で起こる奇跡のほとんどにはその前段階で大切な熟成期間がある。私たちは期待を胸に軽くノックする、そして何もなかったかのような時間を過ごす。「期待して待つ」ことの大切さを私はこのプロジェクトから学んだ。何も起こっていないように見えても、それは確実に成長している。そして、それが動き始めた時、そのサインを見逃さないで、応援することが何より大切なのだ。

　新しい病院には19箇所、壁に小さな扉がついている。これはAちゃんとEちゃんがくれたギフトだ。今はそのプレゼントを作るボランティアを含め、アートを介して当院のためにボランティアをしてくれる仲間が全国に200名以上いる。開院後7年目の現在もこの活動は続いている。プレゼントは入っている時もあるし、ない時もある。時々廊下から「あったー。」という喜びの悲鳴が聞こえてくる。認知症の老人が毎日開いて小さなプレゼントをコレクションにしてくれることもある。全盲の女の子が小さなギフトを日記のように大切に集めてくれることもある。

　ある日看護師長さんが嬉しそうにやってきて話をしてくれた。「昨日、ボランティア室の前におじいちゃんがいてね。『どうしましたか?』って声をかけたらね。今日妻が退院するのですが、ボランティアさんに一言お礼が言いた

いっていうのね。部屋に森さんがいなかったから私が担当者に伝えますよって言ったら、おじいさんが『実は妻が大腸がんになってストーマ（人工肛門）の手術を受けたのです。せっかく命が助かったのに、自分の体に起こった変化が受け入れられなくて毎日泣いていたんです。ストーマの練習もしたくないと。でも、ある日、廊下を歩いていたらあの小さな扉を見つけて、何気なく開いたら中に入っている小さな折り紙とメッセージを見つけたのです。そして、そのメッセージを読んで妻が泣き出して、その日からストーマの練習を始めて。今日退院できることになりました。』って！すごいね。こういうの嬉しいね。」看護士さんは笑顔で手を振って病棟に向かって行った。その颯爽とした後ろ姿に私は心から感謝した。そして、ボランティア室に帰ってEちゃんに電話で報告した。そして二人でひとしきり喜んだ。電話を切った後、ソファーに深く腰掛けて満ち足りた気持ちで天を仰いだ。「Aちゃんよかったね。」と声に出した途端、堰を切ったように涙が溢れて仕方なかった。

　今も時々思うことがある。あの日、突然命を落としたのが、夫でなく私だったら、と。そして、私だったら、夫にどんな風に生きて欲しいと願うだろう、と。二人の娘をどんな風に育てて欲しいと願っただろう、と。その答え合わせをするにはもう少し時間がかかりそうだけれど、少なくとも、夫はこれまでの私の選択を、笑顔で見守ってくれているように思う。その想いを支えてくれるのは、二人で生きた時間、その間に交わされた確かなコミュニケーション。信頼。そこから続く想像力だ。私たちは、今、この瞬間以外の全ての時、過去も未来も、想像の世界に身を置いている。今よりも過去や未来に価値を置くと虚しくなる。かと言って今に価値を置いて過去や未来を切り離すとまた、苦しくなる。私たちはどこまでも現実の世界と想像の世界のバランスを自分で取らなければならない。自分の編集で今と過去と未来を調和させなければならない。それらは常に重なって、連動して、その意味を変えながら存在しているから。では、どうやってバランスをとるか。そこに想像力や創造力が必要になって来る。芸術が司る豊かなフィールドは多分、様々なかたちでその手助けをし

てくれる。何かを表現すれば、そこから必ず反応という波が返ってくる。そして、それまでの日常は変わる。変化は希望だ。それは病院で実施してきたアートプロジェクトも同じ。日々、細分化され高度に進化する医療現場において、院内にある小さな痛みの扉を見逃さないようにすること、そこにあるありのままの問題を表現してもらうこと。全てはそこから始まる。アートにできるのは痛みを表現しやすい環境を作ること。できる限りの想像力を使って問いかけること。蓋をしたり、切り離したりせずに今の未熟さをありのままに受け入れること。そしてこれまでの思考に新しい風を入れ、対話をして希望を胸に当事者と共に創造性を発揮すること。そうすれば、日常は気づかないところから少しずつ共に変わっていく。

　私の心の中に今も癒されることのない小さな哀しみの扉があるように、誰の心の中にもそんな扉が存在している。その扉を抱いたまま、それでも今、この時を喜びと希望を持って生きることは矛盾しない。それは自分の中にその扉があるからこそ、できることなのだ。あの日、夫を亡くして私は小さな扉を手に入れたのだと思う。その扉は誰かの小さな扉とつながるための、開くためのセンサーや鍵のようなものかもしれない。私はその扉を時々開きたくてこの仕事をしているのだと思う。その扉が、誰かの扉とつながる時、励まし合い、気づき合い、影響し合い、少しずつ変わり合う。その先にまだ見たことのない景色が、光が見えるから、痛みの扉を抱えたまま、私は今、この場所で新しい扉を開く。

■注
1) 2004年設立のNPO法人。「みんなでつくる病院」をキーワードに掲げ、病院で過ごす時間が少しでもゆたかなものであるように、アートを通してよりよい環境づくりをプロデュースする活動に取り組んでいる。https://arts-project.com/

**森合音 (もり あいね)**
四国こどもとおとなの医療センターホスピタルアートディレクター、NPOアーツプロジェクト理事長。1995年大阪芸術大学写真学科卒業。2005年富士フォトサロン最優秀新人賞ほか。写真家として活動を始める。2009年独立行政法人国立病院機構香川小児病院での壁画制作をきっかけにアートディレクターとして同病院勤務。2012年四国こどもとおとなの医療センター建設時、病院全体のアートディレクションを担当。現在ホスピタルアートディレクターとして同病院勤務。2017年「四国こどもとおとなの医療センター」医療福祉建築賞準賞受賞。2018年「四国こどもとおとなの医療センター」公共建築賞優秀賞受賞。

# 「ひとり」から始める
## ──水俣病と生きる

緒方正人（漁師）

聞き手：
中川真（大阪市立大学都市研究プラザ特任教授）

## 01 ｜ 深い層へ降りる

　この家のあるあたりはもともと海でした。今も、満ち潮、引き潮で海水が下を通っているんです。東泊（こちどまり）って呼んで、登記もしていません。「私が生きている間、借ります」っていうくらいの軽い気持ちならいいけど、「俺

のもんだ」っていうのはあまりにもおこがましくて。親父は漁師をしていて、囲炉裏端で夜中の2時3時に起きて、海や天気を読み取るための対話をしてましたね。どこに魚（いを）がおるか、気の流れを読むというか、自然界との対話みたいな感じですよね。

　日常生活は、大方、意識とか情報とかそういうところで送っているでしょ。でもそれは表層でしかない。もっと深いところに、二つ三つ層がありそうだっていうことを強く感じたのが、後で話す「狂った時代」の時でした。そこに降り立つ時には、表層を捨てていかないと降りられないと思うんですよ。一番いいのは降りる時に、無になっていくことだろうと思うんですけど。無心というか。そういう集中と深みを持たせていく時には、囲炉裏の周りで、ひとりの時が一番いいんでしょうね。ちょっと日常や昼間の感覚とは違う、大げさに言えば神々との対話なんでしょう。雑念を捨てていった時に、「聞こえない声」にも出会えるんじゃないかなと思います。
　よく赤ちゃんは無心だと言いますけど、怖いですね、見透かされている感覚があって。あとお年寄り。6歳違いの甥は、ほとんど寝たきりで家の中からあまり出たことがないんですけど、物事を深く考える力があるなと感じるんです。今言ったような人たちは、言葉でごまかしがきかないんですよね。畏れの感覚と言っていいと思う。

## 02 ｜ 金じゃない、じゃあ何なんだ

　——今回、緒方さんにインタビューをお願いしたのは、緒方さんの考えを少しでも多くの人にぜひ知っていただきたいという思いが強くあるんです。水俣の問題を乗り越えようとする緒方さんのあり方が、まだまだ日本に浸透していないんじゃないかと。水俣だけではなく、どこにだってあるじゃないですか。たとえば辺野古でも同じことが起こっている。福島でも同じことが起こってい

る。水俣の取り組みがなぜ次のステップへと国内に広く伝搬していかないのか、と感じています。具体的な話に入っていきますが、昭和60年（1985）に認定申請を取り下げて、いわゆる運動の第一線からは退かれました。その時に三ヶ月間、狂ったと言われていました。よければ、その時の状態、プロセスをお伺いできればと思っております。

　まず私が認定申請を取り下げる決断をしたところから話します。親父を亡くした6歳の時からチッソへの恨みもありました。水俣病事件の責任所在を巡って若い時から運動に参加してきたわけです。その間、運動の中で言われてきたのは、加害者の責任追及なんですね。ところが、運動に参加していると、それが全部制度化されてしまう。システムを作ることで、終わらされていくという、やり切れなさがどんどん強くなって。水俣病のことに限らず、例えば、海を半ば強制的に埋め立てたり、新幹線や高速道路やマンションであぶく銭が日本中でばら撒かれたり、という時代状況の中で、責任の意味内容が金に化けてしまう、価値変換されて終わらされてしまうことに、抵抗感が強かったんですよ。ところがいくら抵抗感を持っていても「金じゃない、じゃあ何なんだ？」ていうところは出てこないんですよ、なかなか。おそらく他の人も、決して金で納得しているわけじゃなくて、どこか理不尽さというか、納得し難さを抱えながらも、裁判をする中で弁護士から説得されたりするうちに、支援団体の中でそれが常識化してしまう。これは、後の薬害事件や肝炎訴訟やいろんなところで、責任が金に価値変換されて、「解決」と呼ばれてしまう。俺はものすごく嫌だったんだ、それが。だから、金じゃなければ何なんだっていうことはわからないままに、取り下げを決断しました。普通は、次の歩むべき道や答えを見つけてから取り下げますよね。でも自らハシゴを外すんですよ。つまり、そこが入り口なの。だから私は、ある意味で確信を持って言うんだけど、元カレと関係をつないだままね、新しい男や女を探そうとしても、それは無理だと。見透かされると。綺麗に別れてからなら、まだしも、だけど。やっぱり、入り口の最初の段階というものは、捨てることの連続なんですよ。捨て切ったかどう

かを確かめられているような、試されているように感じたの。

　金だって、生活していく上では、いくらかはなければ困るわけですよね。ところが、その「金」が存在することが嫌なくらい忌み嫌うわけですよ。そんな気持ちがどんどん強くなるんだけど、金に代わるものが何なんだってのは、スッと出てこない。俺も、運動体の中で、最後は何人かから問われましたよ。「あんた、金じゃないって言うけどじゃあ何だと言うんだ?」と。「大衆は金じゃないとわからん」とも言われたね。それも一理あるのはわかるんですよ。ところが俺はどっかで、おそらく「純粋さに向かっている」んですよね。金や社会構造に対して拒絶感を持つのも、ある意味で純粋さの裏返しだったんだろうと思うんだけど。それで、ひとりにならざるを得ない。ひとりになることもまた、捨てることが必要なんです。集団から抜けるわけだから。私にとっては、集団にいること自体がもう、ぬるま湯にいると思えて。ゼロの地点に還らない限り、さっきの話じゃないけど、元カノと付き合った状態でまた次を探すって言ったって見つからん、と。だから、ひとりになると宣言したんですよ。

　これが、例えて言えば、第二の関門みたいなもので。認定申請を取り下げることを公言して、ひとりになるっていう覚悟。考えてみると、それまでひとりになったことはほとんどないんですよ。家族がいたり、親戚がいたり、同級生や運動体の仲間がいたり。「水俣病患者被害者」という地点から水俣病事件の責任を問う、というある意味で約束された場があったわけですね。そこに誰も疑問を挟まないわけですよ。ところが、特に、補償や要求運動みたいな形が年々いろんなところで広がっていく。水俣だけじゃなく他の問題でもね。そうすると、水俣病事件の捉え方に疑問を感じるようになったんです。「加害／被害」という二極構造の中で捉えるには、限界があるんじゃないか、と。

　患者、被害者という視点から事件の責任を考えようとしても、自らが問われることのない安全地帯なんですよ。誰も問わないわけです、私に対して。患者、被害者を問う人はいないわけ。だから、問われるのは加害者だ、という考え方に定着してしまう。もちろんそれでも、新しく気づくことや、学ぶことはあり

ます。でも伸びないですよ、そこで止まっていたら。基本的な構造の枠組み
が、そのまんま収まっちゃうんで、俺はもう、息苦しさを感じた。だから取っ
払ったわけですよ。その瞬間に、脱皮する瞬間の苦しみを味わったんです。も
のすごく怖いですよ、たったひとりになるんだから。私を説得して引き止めよ
うとする人たちもいたけど、自己矛盾を感じているから、このまま続けられな
い、と思った。

　ひとりになってから、山に例えれば、非常に大きな山の、最初の半分以上は
苦しいだけですよ。自問自答するだけで、誰にも相談できないし、実際しな
かったですね。だから狂うわけですよ。ただ私の場合には、躁鬱というような
ことではなくて、暴力的に狂ったわけでもなくて、「課題」に苦しんだんですね。
自分の課題を非常に明確に持っていたので。「チッソとは何なんだ」「人間とは
何なんだ」ほかにも、システム社会や保険制度や天皇制のことや、そういう大
きいテーマを五つ六つ持っていた。


## 03 ｜「狂った」時代

　30歳になろうとする、20代後半くらいからだんだん矛盾が大きくなってき
て、32歳の時に狂うんですけどね。ちょうど今の9月から12月にかけてくら
い。私の誕生日を挟んでなんですよ。親父の命日もその中に入っている。年が
明ければ水俣病の公式確認から30年という時だったんですよ。運動をみんな
と一緒にやっている時には、問われているのは加害者たちだと思ってたわけで
すよ。チッソや国、県や行政だと。ところが、その30歳になろうとする頃か
らは、「この事件は一体自分に何と言っているんだろうか」と問いが自分に向
かってくるんです。他人から言われている問いなんて、生易しいもんです。自
分で自分に問うことの方がはるかに苦しい。誰かの直接の声じゃないんですよ。
言っても言っても、「本当に本当か？」「本当に本当に、本当にそうか？」って。
とにかくね、重圧がかかってくるんですよ。そして揺れるわけです。最初は試

されていることすら気づかないんですよね。双六みたいなもんですよ。サイコロ振って転げたとこまでいくとね、そこでつまずくとまた2、3歩後戻りして、そしてまた気を取り直して向かっていく、と。

——地図はなかったわけですか？

ないですよ、そんなもん。羅針盤も何もない。どこに向かっていくのかもわからないです。一つひとつ乗り越えていかないと次に進めないんです。後でわかったけど、乗り越えていく上でのヒントは実は、自然界と自分の体験の中にあった。物語を歩いているんですよ。物語を歩まされている。行き詰まると、すぐ2歳3歳の、記憶の原初に還るんですよ。何百回でも。

——それまでの様々な体験の中に一回戻って、そこにヒントみたいなものが……

そうです。また歩き始めるんです。苦しんでいる、狂っている時っていうのは、例えるとある種の爆発、火山の爆発のようでね。爆発するまでにエネルギーがいっぱい溜まってて。そうやって、山の頂上と言うか一番苦しい時に、次に向かう一番のヒントになったのは、「もし自分がチッソの中にいたとしたらどうしただろうか」という問いなんですよ。そんな問い、今まで聞いたこともないし、周りでも誰も言ってくれないわけですよ。

「緒方さんが加害者になることはなかったでしょ」とも言われたけどね。そりゃ、歴史が遡って逆転はあり得ないけど、想像の中ではありうるんですよ。想像の世界では、なんの障害もなく、ありうる。我々はどこかで、自分たちは毒を毒と知って、海に垂れ流すようなことは絶対しなかった、と思い込んでたんじゃないか、と。潜在的に、それも長い間。でもじゃあ、何か確証があるのか、裏付けがあるのか、といえば何もないんですよ。「同じことはしなかった」と言いきれないことに気がついたんです。同じことをしなかったという根拠はない。つまり、その時私のしていたことは、水俣病事件を、加害者とかチッソが問われているものじゃなくて、人間が問われている事件として再設定してい

るんですよね。

　——それは、さっきの「狂った」時に気がついたんですか？
　もう青ざめたですよ、鳥肌が立って。どんでん返しの……、逆転するわけで
す。おそらくね、運動をやってた時は、歴史の事実の責任を問うてるんですよ。
ところが私は事実でなくて、真実を求め始めていたんでしょうね、この時に。
後で自分が整理して思ったんです。「真実は必ずしも事実の中にあるわけじゃ
ない。しばしば逆説の中にある」って。
　ところが、そんなことを人に話しても、とてもじゃないけど通じないんです
よね。ほとんど話すこともなかったけど。わかる人はわかるけど、わからない
人はわからないだろうな、と飲み込むわけですよ。自分の中で起きたどんでん
返しから気づいたことが、ほかの人に伝わり、理解されるのに早くて5年、普
通で10年、遅くて20年とか、それくらい時間をかけようと思ったんですよ。
石牟礼道子¹⁾さんなんかは、早くわかってくれたけども、2、3人もいなかった。
当然、チッソや加害者が問われているという社会的な側面はあるわけです。そ
れは今もそうだと思う。ところが、深層には、「自らもまた問われている」っ
ていうのが実は同時進行している。こっちが先で、あっちが2番目で、じゃな
くて、表層と深層は同時進行しているんだ、と。

　——普通の人は、深層を見ていない。
　そう。普通は、歴史的な時間の積み重ねだと思っている。古層は過去で、表
層は現代社会なんだと。確かにそういう風にも見える。でも俺は必ずしもそう
じゃないと思ってるんですよ。だから古代の古跡とか何万年も前の人類の足跡
が、現代社会に立ち現れるんじゃないか。ヨーロッパであろうが、アフリカで
あろうが、何万年も前の色んなことが見つかるじゃないかと。必ずしも上から
掘ったから見つかったんじゃなくて、そもそも現代と古層が実は同時進行して
いると考えた方がいい。だから、縦軸と横軸と両方で見ないと、横だけで見て

しまうと、水道管の表面しか見えない。

　——実際に、その狂った時に、野山に行ったりして、色とか形、言葉などとの新鮮な出会いをされたとご著書に書いてありました。具体的にどのようなことだったのでしょうか。

　風の音だとか、木の葉の揺れる様子、海を見ても空を見てもみんな働きかけてくるんです、自分に。

　——語りかけてくるわけですか？
　語りかける、というか働きかけてくる。そして、ヒントを与えている、と。流星群を見たとき、いっぺんに10個も20個も流れてきたって、せいぜい眼で追えるのは1つか2つくらいでね。願いを3つも言う暇はない。それと同じで、我々がキャッチしている自然界の情報なんていうのは、100分の1程度くらいなんですよね、せいぜい。それでも多い方かもしれん、100分の1でも。その頻度が上がると考えてもらうといいと思う。
　一つひとつが見えてくる、というか感じる。こちら側の感受性の速度というか、感覚が非常に研ぎ澄まされているわけですよ。だからビビビビーッとすごい勢いでつながるわけです。私の感覚も総動員して……ものすごい疲れますよ。疲れきってるから、ぐっすり眠らされる。ところが、目を覚ますと5分とか10分程度なんですよ。でも熟睡感があって、また1分もしないうちに、次の問いが始まるんですよ。そうすると、もう私はコントロールされて、動かされているもんだから、また次の問いが襲ってくる。繰り返し何回もやっているとわかるんですよね、予感というか。「また始まった！」ってね。最後に抜け出すまで、それが続いた。狂っていく中で、海や山、川に身を置いて、ヒントから解いていくという作業の中で、頂上に登りつめていく時に、いろんなことに気づくわけです。
　さっき、チッソと同じことをしなかったという根拠はない、ということに気

づいたときの話をしました。そのときもうひとつ気づいたのは、チッソとは私のことだった、と。『チッソは私であった』という本がでる何年も前に、最初にこのことを人前で話した時は「私ももうひとりのチッソであった」という表現なんですよ。本のタイトルにする時に、「私はチッソであった」と短くしたんです。ところが、なんか引っかかったんですよね。夏目漱石の『我輩は猫である』みたいでね。これは夏目漱石のファンからクレーム出るかもしれんってね(笑)。編集の渡辺さんと話して、じゃあひっくり返そう、と。それで『チッソは私であった』にしたんです。電話口で3秒で合意ですよ。

## 04 | 存在の認定としての愛

こういったことに気がついたときに、ものすごく逆転を見せつけられたわけです。全てが逆転した。「漁師」とか「漁業」という風にそれまで思ってたのが、自然界との関係で言うと、「泥棒だった」ということに気がついたわけですよ。それまでは何の疑問も持たずに、「職業は?」と聞かれると、「漁業です」とか「漁師です」とか言ってたけど、何のことはない、平たく言うと泥棒なんですよね。

世の中のことすべてさかさまに見えるくらい大逆転した時に、自分がどっか

で救われた思いがしたのは、何だったか。「自然界から愛されている」ということに気がついたんです。愛されてるし、待ってたんだよ、と。

——気がついてくれた、よう気がついたな、みたいな。

　私が気がついたことを喜んでいる、というかね。だから出口ではね、「もう、お前、手間とらせやがって。いっちょあがり!」とケツを押し出される感じ。出口はあっさりしてたんですよ。だから俺も一句作ったんだ。できたんだ、自然にパッと。

　　うたた寝の　開眼すれば　現実なり

　今までたったの一回も作ったことないんだけど、フッとそれが出てきて。やっぱり、寝かされていたんですよね。寝かされていて、目が覚めた途端にパーンと入ってきたんです、一句。五・七・五にもなっていないんだけど。それからもう二度と、苦が襲ってこない、すっきりしたんですよ。愛されているということに気がついた。つまり、「水俣病の認定」という言葉は、行政や政治から存在が認められるっていうことですよね、水俣病の患者としての。私が気づいたのは「人として存在が認められた」ということで。それは自然界だけじゃなくて、人との関係においてもそうなんですよ。気がついたわけです。だから愛されていることに目覚めた。家族であり、村の人たちであり。で、それを超える、上回る価値観なんてもういらないし、ない、と。

——一番最初に言った無心の状況なんですかね。

　そうですね。救われたというか、愛されてるっていう。なんていうか……実存感の極みですね。

——誰に愛されている、ていう感じなんですか?

特定の何かではなくて、世界。私を包む世界に。

——あなたは生きてていいんだよ、と言われている感じですか？

　いや、生きてて、というか、ただ愛されている、抱かれている、という感じ
です。この時空間に、存在が。だから水俣病の認定という言葉も、認定という
ことには、「存在が愛されている」ということが本来はそこにないと。嫌々の
認定や、争った挙句の認定や、それは本物じゃないというか……。

　例えば、チッソの人たちだって子どもの登校拒否や引き籠りや問題を抱えて
いる人もいるだろうし、中には家庭不和の問題を抱えている人もいるだろう。
現代社会の病んでいる人が、どこにでもいるわけで、水俣病ということだけ
で推し量ってはいかん、という気がするんですよ。そういう意味で言えば、今、
一番世の中の人が飢えているのは、愛だと思います。愛されている、というこ
とこそが存在の認定、だと。そのことによってしか救われないですよ。銭で救
われないですよ。他のものでも一時の作用や手助けにはなることもあるでしょ
う、日常生活が少し楽になった、ということもあるかもしれんけど、それ止ま
りで。愛されている実感こそが、生きているっていう喜びにつながるし、実感
を持てる、というかですね。そのことを一番よく知っているのはやっぱり赤
ちゃんですよ。あるいはお年寄り、障害を持っている人たち。品物でも、もの
によって救われるってことはあるかもしれんけど、それは一過性で、深いとこ
ろまではいかないから。


## 05 ｜ 揺れ続ける「私」

　ある意味で言えば、私はそこで非常に信仰に近い感覚を持った。そして、自
分が帰属する世界はどこにあるのか、ということにたどり着いた気がするんで
すよ。うちは代々西本願寺の浄土真宗なんだけど、そのことの影響はほとんど
ないんです。たぶん仏教的な感覚ではあるんですけど、でも神道の否定もして

いないんですよ。そこは全然分けてなくて。私は、この海・山の世界に愛されている。そことホットラインを結んじゃったから、もういらない、他に。その後、坊さんとあっちこっちで出会ったり呼ばれたりすることが多くなってから、歎異抄の話なんかも聞きました。私が何か言うと、「あ、親鸞さんと同じこと言ってる」て、よく言われるんです(笑)。教行信証の中の一節で、これ俺と同じこと言ってるじゃないか、と思うところがあるんですよ。

　──すごく親鸞の世界と近いと思いました。ちょっと調べてみたんですけど、「一切の有情は みなもって世々生々の父母兄弟なり いずれもこの順次生に仏になりて たすけそうろうべきなり」というのがかなり近い。
　私が、これと思ったのは「憶念弥陀仏本願 自然即時入必定」という句があるでしょ。「憶念」というのは、長く記憶するという意味らしいんですけど。憶念弥陀仏本願、自然(じねん)というのは自然ですよね。自然即時入必定なんですよ。自然と一体化した時にもう入っちゃうんですよ。「必定」、必ず定まる。だから、これ俺が歩んできたことじゃねえか、て思った。

　──そこに、自分の力で辿りつかれたと。
　これはまた後で話しますけど、自分とか、私とかいう区分の感覚が、それまでと違うんです。私たちは便宜的に「私は」と自分の意見を言ったり、発言したりするでしょ。ところがそれは、かなりあやふやな使い方で。「今日の私は」とかね、「あの頃の私は」とかね、そう言わないと、本当は「私」っていうのは揺れ続けていて、そんな一貫した安定したもんじゃないんですよね。だって、身長体重だって変わってるわけだし、美貌も変わってるわけだし。「私」っていうもの の、核は何かと問われたら、みんな実は困る。「私の私たる所以は何?」って聞かれたら困っちゃうでしょ。別に形があるもんじゃないから、便宜的に「私は」とか言っているんでね。それはかなり括弧つきの「私」で、成長もすれば退化もする。進化もすれば衰えもするんで。

つまり私が言いたいのは、変化するんだと。「私」なんていうのは。だから本当の「私」を探そうとしてる、みんな。本当の私なんて、安定したらもう終わりよ。揺れと戦うことが、揺れの中で生き続けて揺れの中で課題に向き合うことが、重要であって、安定したらダメだと思う。生臭坊主で終わる。だからそういう意味では、今もやっぱり揺れているんですよ。生きているっていうことは安定じゃないんだもん。

「狂った」時代に、自然界の中の法理というか摂理というか、世界中の名作を見てきたっていう風に言ったのは、そういう意味なんです。非常に良い状態の時にはね、いろんな気の流れが見えるくらいのところまでいくんですよね。一体化しているんですよ。その一体化は決して長続きさせない、というか、その状態ではいられないんですよね。また、現実に返される。ということは役割があって、働いてこい、と言われているようなもんで。今はね、見えないですよ。眼鏡を外してもかけても見えない。


—— かなり死にかけた感じですよね？ あの世に逝きかけて、お前もうちょっと働け、みたいな。

やっぱり、狂っていた時は、命の迷子の状態になってるわけですよね。だから再教育されたんですよ。しかも、その時に入学資格があるかどうか試されたんですね、初期に。見所がなかったらとても入れてくれないだろうし。とことん血反吐を吐くまで、本音というか、本心というか、覚悟の深さが試されてるんですよ。だから、親鸞が浄土宗の開祖の法然さんのところに行った時に、たとえ騙されても地獄に落ちようとも構わない、というようなことを言った気持ち、俺はよくわかる。一切を投げ出す、さらけ出す、という「一切」が大事なんです。その時に「無」に近づくというか、間口が広がる。一切というところで広がって、道がひらけていくという感じがする。

そこに表現ということが伴うんです。それが、自然としての私という側面だけではないからです。つまり私たちは「自然」という意識はみんな持ってい

る。「私は」と、戸籍もあるし、住民票もあるし。ところが、公人の「公」も同時に実はあるんですよね。役所とか政治家は「公」って、いつもどっかでついて回るわけだけど、普通の人には「公」とか公の立場って、なかなか出る機会がないですよね。ところが私たちは、「私」ということも便宜的に使わざるを得ないんだけども、もう一つの反面では公性も持っている。別の言い方をすると、「自然人」として、です。社会的存在である現代人という側面と、生命界における自然人であり、自然界の生き物であるという両面を持っているわけですよね。ところが、現代社会では、自然人の方をほとんど忘れちゃってね。実は私たちは誰しも二足のわらじを履いていかざるを得ないんだ。自然人として精神と肉体がある。一方で社会的な約束事なり法制度なりがあって、税金も払わにゃいかん、という二足のわらじを。ところが、わらじは一足だと思っている人たちが多い。今の世の中が非常におかしくなったひとつの大きな理由には、制度社会に依存しすぎちゃってることが大きな背景にあるんじゃないか。自然人としての側面、あるいは、霊性とか、生命界の存在としての人間という側面が、見失われている。軽んじられているというかね。

## 06 ｜ チッソ前での表現

　——先ほどおっしゃった、お金に回収されていく世界ではなくてもうひとつの世界があるんじゃないか、ということにもつながりますね。木の舟を造って、チッソの前まで行き、身をさらしてチッソの前で坐り込んだ、表現なさったということと、もうひとつの世界。

　ひとつのですね、なんて言えばいいんだろう……。こう、自分でいろんな「狂い」を経て、いろんなことに気づいたわけですね。ところが、その今の自分、「私」っていうものを伝えていないっていうかな。チッソの人たちにも、世の中にも。その時まだ、文章ひとつ書いていない、何も文字化していないので。それをこう、真打昇進じゃないけど、高座に上がった気分だった。だから笑い

たい人は笑ってください、と。あの時、自分に言い聞かせたの。芸人は高座に上がらないと人を笑わせられないけど、俺は路上に座って、人を笑わせてみせるって。それで、踏ん切りがついたんですよ。だからと言って、世の中を変えようとか、多数を得ようとかなんて、さらさら思ってない。もう石投げられても構わない。1分後に逮捕されても構わない。

　——あれは素晴らしいと思ったんですけど、後ろにね、詩を、特に子どもに向けて。

　とにかく他には何もしないんですよね。あそこで、炭火の七輪を持って行って、お湯沸かして、お茶飲んだり、昼間っから焼酎飲んだりしてね、チッソの正門前で。別に妨害とかしないから。で、ひとりでしょ。集会の時、普通はスピーカーを使ったり、チラシをばらまいたりするじゃないですか。ところがそうじゃなくて、ただ自分の言いたいことの大事なところ、「世の衆よ」「チッソの衆よ」「被害民の衆よ」「子どもたちへ」っていうので、4枚書いた。もう、あの時はあれで十分だった。

　——じゃあ、本当に表現、ていう。

　そうです。おそらく自分がたどり着きたいいろんな感覚とか、発見したことが発露を求めているんですよ。身体の中に吸収されたものが、どっかに出たがっている、と。だから、あれをやらなければ、表現としてなされなければ、逆に俺が変になっちゃったと思う。だから、怖くないんですよ。怖いものがない。全部その場で書きましたよ。ところが書いているのは必ずしも個人としての「私」ではないんです。もう天地がそう言いたがっている。俺は、出どころとして使われていただけじゃないのかってね。チッソへの問いかけの書を書いた時もそうだった。あれは、狂った直後、1月6日の新年早々、チッソに行ったんですけどね。その時はもう、書き終わるまでに命が持てばいいと思っている。伝えないと、書き終えないと、死ぬことすらできない、というか。偽らざ

るところを書く。これもやっぱり発露なんですよ。

　出口を求めているんで、その場所がチッソの正門前という、それが舞台だったんです。


## 07 ｜ 自然界に返す

　——昨日、埋立地に行きました。恋路島がすぐ目の前に見えて。なんかのっぺりとした感じで。今の緒方さんは、あの場所は埋立地ではなくて、どうなればよかったっていう風に思われます？

　やっぱり詫びを入れなきゃならない場所ですよね。チッソが、というだけではなくて、文明社会が、総体が、詫びを入れなければならないので。あそこで、2004年に石牟礼道子さんの原作の能「不知火」を奉納した時に、経緯上私が責任者にならざるを得なかった。実行委員会、私は「加勢人委員会」と名前をつけていたんだけど、チッソの社員にも声をかけました。みんな声をかけることに迷っていたみたいだったね。「敵」という概念で見ている。でも、今や、世界中の誰しもが加害性と被害性を持ち合わせざるを得ない状況が来ているのに、昔の物差しでこれから先も測るのか？と。古びた物差しをもう捨てないと、先は見えないよ、と言って。結局、若い社員も二人、委員会に入ってくれて、最後までしっかりやってくれたんですけどね。声をかけなければ何も起きないんです。結局、チッソの人たちに呼びかけたもんだから、かえって反響があって、いろんな人たちが来てくれた。チッソの労働者から、その連れ合いの人たちや。だから、あそこで壁を、全部開いたわけではないけれども、何か事を起こせば変化の兆しが見える。

　私が一番重要視していたのは、「共に立つ場」を作ることだったんですよ。「共に立つ場」といっても、毎日同じ立場には立てないですよ。時々でいい、年に1回でも2回でもいいから。そういう意味では昔の祭りのように、法事とか神事とかがあるように、畏れ多い場に身を置く、というか、「共にそこに在

る」ということが私は非常に大事だと思う。これまでは、「加害者」、「被害者」という立場の違いを強調し、それにしがみついていたんです、両方とも。一般市民も、どっちにつくか、みたいな。圧倒的に会社側につくことが多かったんですよ、歴史的には。だけど、そういう経緯を超えて、これは水俣病の事件に限らず私は思うんだけど、地球規模の課題が目の前にあるのに、対立概念を超えていく方向を目指さないと、深い知恵は生まれないんじゃないか、と。俺は、対立からは何も生まれる気がしないんですね。

　工事が始まる間、しばらくはやっぱり畏れ多いというか、足を運べなかったですよ、埋立がどんどん進んで、工事が半ば出来上がって、完成が近くなってもですね。そして、石牟礼道子さんの提案もあって、「本願の会[3]」というのを作って、野仏様というか、魂石を置くということで、改めて埋立地の持つ意味というか、どう向き合うのか、というのを我々も考えさせられて。やっぱりあのまま放置はできないんですよね。高濃度の水銀がまだ流れ出す恐れがあるわけで。やっぱり原生林になれば一番いいなとは思います、今も。

　今、私たちがあそこに違和感を抱く一番大きな理由は、どこにでもあるような、例えば横浜の海の風景みたいな感じで護岸があるでしょ？　俺は、自然界

に返す必要があると思ってるの。例えばダムを造ったりする時に、諌早湾の干拓、堤防の閉め切りもそうだけど、これは人間のものだって仕切るでしょ。俺たちのもんだ、って利権の争いをする。そうじゃなくて、ひとつの様々な歩みを経て、ある現実を捉え直す時に、「返す」っていうのが前提じゃないかと思うんですよ、自然界に。やむを得ず埋め立てたんだけど、そこに草木が自然に生えて大きくなって、鳥がたくさん集まるようになって、でも決して記憶を消すんではなくて。野仏さんでも他のものでもいいんだけど、いわれを、しるしを残しながら、自然界に返すっていうのが前提じゃないかな。まだ、「俺たちのもんだ」ってしがみついてる匂いがする。

## 08 ｜ ひとりの魂の値打ち

　恨みの対象として水俣病の事件を捉えてきたのが、恨みを超えて気づくことがたくさんあった。むしろ前向きに考えられるようになったから、恨みが吹っ飛んじゃった。親父の死の意味を超えた、と思ったんですよ。それにもう、水俣病事件のことだけじゃなくて、人の世の、人間だけじゃないですけど生命界のことを、及ばずながら考えたいので。私自身にとっては、水俣病のことにこだわっているつもりは全然ないんですよ。民族紛争、宗教対立、戦争……いろんな事件が世の中に、あるいは地球上にいっぱいあるけど、その度に人間のあぶり出しが起きていると思うので、世の中に広く訴えていることとしては、人間の「危うさ」と「愚かさ」と「どうしようもなさ」の、この三つに気づいて欲しいと思っているわけです。


　この10年以上、いろんな機会で話していることがあって。「ひとり」という存在にあらためて注目する。一人ひとり。日本社会を見ていると今、組織が非常に衰退している。労働組合にしても宗教団体にしても政治団体にしても。信頼を失って力が弱くなってきている。一方で、世界的な傾向とも言えると思う

んですけど、スウェーデンのグレタ・トゥンベリさんが、気候変動の問題で世界に呼びかけました。ひとりで始めているわけですよね。週に一回かな、学校に行かないで、議会の前に座ってひとりで始めた行動が、国連まで動かざるを得なくなるような大きな影響を与えたでしょ。たったひとりで始めた行動ですよね。彼女は非常に勇気があるなと思っているんですけど。

　彼女にかぎらず、「ひとり」っていう存在の大切さと、潜在力。その魂の値打ちっていうか。そこに元気の素があるような気がするんですね。支配者層から見て、一番怖いのは、「ひとり」だと思う。労働組合なんかより、政党より、普通の「ひとり」の方が怖いと思う。だいたい取り締まるのが厄介ですもん（笑）。今度のアメリカの大統領選挙なんかにも、その影響が現れると思いますね。結果というかその過程にね。日本が敗戦の方向に向かっていく時に、水俣病事件は表面に現れてくるんですよ。だから正確に言うと、昭和17〜8年にはもう海の異変は起きてくるんです。昭和20年の終戦の時には、入れ替わるように水俣病事件がズルっと出てくる。ひとつの文明社会の変換期には、次の芽がもう出ている。その芽はどこにあるかと言うと、人「ひとり」にある。という風に感じるんです。

（2020年11月1日）

■注
1) 熊本県出身の作家（1927-2018）。代表作に、水俣病の現実を伝え、魂の文学として描き出したと言われる『苦界浄土　わが水俣病』がある。緒方正人氏が1996年に「水俣・東京展」の開催にあわせ、東京湾まで航行したうたせ船を「日月丸」と命名したのは石牟礼道子さんだった。
2) 1986年、当時のチッソ社長野木貞雄にあてた手紙。「一、父を殺し、母と我ら家族に毒水を食わせ、殺そうとした事実を認めてほしい。一、水俣病事件はチッソと国・県の共謀による犯罪であり、その三十年史であった事実を白状してほしい」など水俣病事件の責任を問いかけた。一応の返事はあったが、緒方氏の納得のいくものではなかった。
3) 水俣病被害者や支援者らでつくる市民団体。1994年、石牟礼道子さんや緒方氏が「本願の書」を発表し、水俣湾埋立地に手彫りの野仏建立を呼びかけ、その呼びかけ人らによって1995年に発足した。

緒方正人（おがた まさと）
不知火海漁師。1953年、熊本県芦北町女島生まれ。6歳の時、父・福松を水俣病で亡くす。自身も水俣病を発症しながら、家業の漁師を継ぐ。74年、水俣病の認定申請を行い、水俣病認定申請患者協議会（申請協）に入会。認定訴訟闘争のリーダー的存在であった川本輝夫と、認定申請・補償訴訟運動を展開する。81年、申請協の会長に就任するも、認定と補償を求める運動のあり方に疑問をもち、85年、会長を辞任。認定申請をとり下げた。87年、木造の舟「常世の舟」を完成。水俣まで舟を漕ぎ、チッソ水俣工場正門前で、たった独りの坐り込みを行った。以来、水俣病事件に対するお金ではない償いのあり方、加害者と被害者を超えた関係性のあり方などを問い、表現し続けている。

# アートミーツケア叢書について

[概要]

　〈生きる〉こと、〈生〉はケアとアートがもともともっている共通の根です。ケアとは、生命・生存・生活への注意であり、日々だれもがじぶんや他人に対して負っているこまごまとした世話から、職業的な営みまで、すべてを含みます。また、アートは、特定の文化にある美的な経験や形式にかぎられることのない、ほかでもない〈この生〉の経験をともに分かちあう仕方であり、そそゆえに、ひとが生きてゆくうえで遭遇するさまざまな喜怒哀楽、生老病死、天変地異、孤絶と絶望、疎外と葛藤に向かいあうための、技術や作法になります。アートもケアも〈生〉への深い注意によって創造されているにもかかわらず、両者はこの社会のなかでしばしば分断され、ともに根を失ってしまいます。本叢書では、〈生〉にまつわる生命、共存、変容、回復、生活の５つの経験を軸に、多様な場で実践と研究を重ねる人々が、医療と健康、福祉、教育、科学技術、宗教、経済といった諸領域を横断して手をとりあい、ケアとアートを分け隔てている既成の制度や概念を問い直し、〈生〉に根をもつケアとアート、そして社会の再生を願います。

　第１巻は、ヘルスケア、とくに病院という名のコミュニティにおいて展開される創造的活動に焦点をあてて、私たちの生の質とアートについて考えます。続く第２巻では、〈生者と死者の共存〉を主題にして、生きている人、目の前にいる人のみならず、死を間近に控えた人、亡くなった人、不在の人までも含みこむ、遠く隔たった存在との共存の営みについて、宗教、儀礼、記憶、死者への関係などから理解を深めます。第３巻は〈受容と回復〉を主題として、天災や人災、社会的疎外、葛藤や絶望といった状態から人々が回復する過程に注目し、予期せぬもの、避けられないもの、どうにもならないものと私たちがどう折り合って生きていくのかを問います。第４巻では〈学び、遊び、変容〉を主題に、誕生と死、病いと回復のあいだで、日々変化し、つねに生い育ちつつある私たちの存在を、自己変容、表現、解放の過程としてとらえます。第５巻では、日々の生活、暮らしと働きそのものにある美に光をあて、生産と消費、制作者と鑑賞者、ケアするものされるもの、などのあいだで引き裂かれることのない、〈ともに生活する知恵〉としてのアートを探ります。

監修　ほんまなほ

[既刊]

# 本書のテキストデータを提供いたします

　本書をご購入いただいた方のうち、視覚障害、肢体不自由などの理由で書字へのアクセスが困難な方に本書のテキストデータを提供いたします。希望される方は、以下の方法にしたがってお申し込みください。

● データの提供形式：CD-R、フロッピーディスク、Eメールによるファイル添付（Eメールアドレスをお知らせください）
● データの提供形式・お名前・ご住所を明記した用紙、返信用封筒、下の引換券（コピー不可）および200円切手（Eメールによるファイル添付をご希望の場合不要）を同封のうえ弊社までお送りください。

★ 本書内容の複製は点訳・音訳データなど視覚障害の方のための利用に限り認めます。内容の改変や流用、転載、その他営利を目的とした利用はお断りします。

◎ あて先：　〒160-0008　東京都新宿区四谷三栄町6-5 木原ビル303
　　　　　　生活書院編集部　テキストデータ係

アートミーツケア叢書3

## 受容と回復のアート──魂の描く旅の風景

発行　　　2021年6月10日　初版第一刷発行

責任編集　　中川　真
編集　　　井尻貴子、後安美紀、中島香織、森下静香
監修　　　ほんまなほ
編者　　　アートミーツケア学会
　　　　　〒630-8044　奈良県奈良市六条西3-25-4
　　　　　一般財団法人たんぽぽの家 内　アートミーツケア学会事務局
　　　　　TEL：0742-43-7055
　　　　　FAX：0742-49-5501
　　　　　URL：http://artmeetscare.org/
　　　　　E-MAIL：art-care@popo.or.jp
発行所　　株式会社　生活書院
　　　　　〒160-0008
　　　　　東京都新宿区四谷三栄町6-5木原ビル303
　　　　　TEL：03-3226-1203
　　　　　FAX：03-3226-1204
　　　　　URL：http://www.seikatsushoin.com

印刷・製本　　株式会社シナノ
デザイン　　糟谷一穂

Printed in Japan
2021 © アートミーツケア学会
ISBN 978-4-86500129-7

［好評発売中］

［アートミーツケア叢書1］

# 病院のアート
### 医療現場の再生と未来

アートミーツケア学会【編著】
A5判並製 /248頁 / 本体2000円（税別）

## アートが病院を変え、
## 病院がアートを育てる

　人間らしさと自分らしさを回復し表現する医療とアート。その原点と未来を医療現場におけるアート活動の最前線から展望する、医療関係者・アーティスト必読の書。

　〈生きること〉に共通の根をもつアートとケア。多様な場で実践と研究を積み重ねる人びとが領域を横断して手をとりあい、この二つを分け隔てている制度や既成の概念を問い直し、アートと社会の再生を願うシリーズ、アートミーツケア叢書第1弾。

［アートミーツケア叢書2］

# 生と死をつなぐケアとアート
### 分かたれた者たちの共生のために

アートミーツケア学会【編著】
A5判並製 /176頁 / 本体2000円（税別）

## 〈死〉と〈生〉がとなりあう
## この世界に生きること

私たちひとりひとりの近くにある〈死〉と〈生〉について、
そしてそれらがある社会で生きるということについてともに考えるために。
死がほとんど知覚不可能だった時代から、暮らしの中に少しずつまた〈死〉が姿を現しつつある時代へ。
そうした時代に、いまいちど「共生」について考えるために本書は編まれた。
死を間近に控えた人、亡くなった人、不在の人までも含みこむ、遠く隔たった存在との共存の営みについて、宗教、儀礼、記憶、死者への関係などから読み解く、アートと社会の再生を願うシリーズ＝アートミーツケア叢書第2弾。